打開天窗 敢説亮話

MASTERMIND

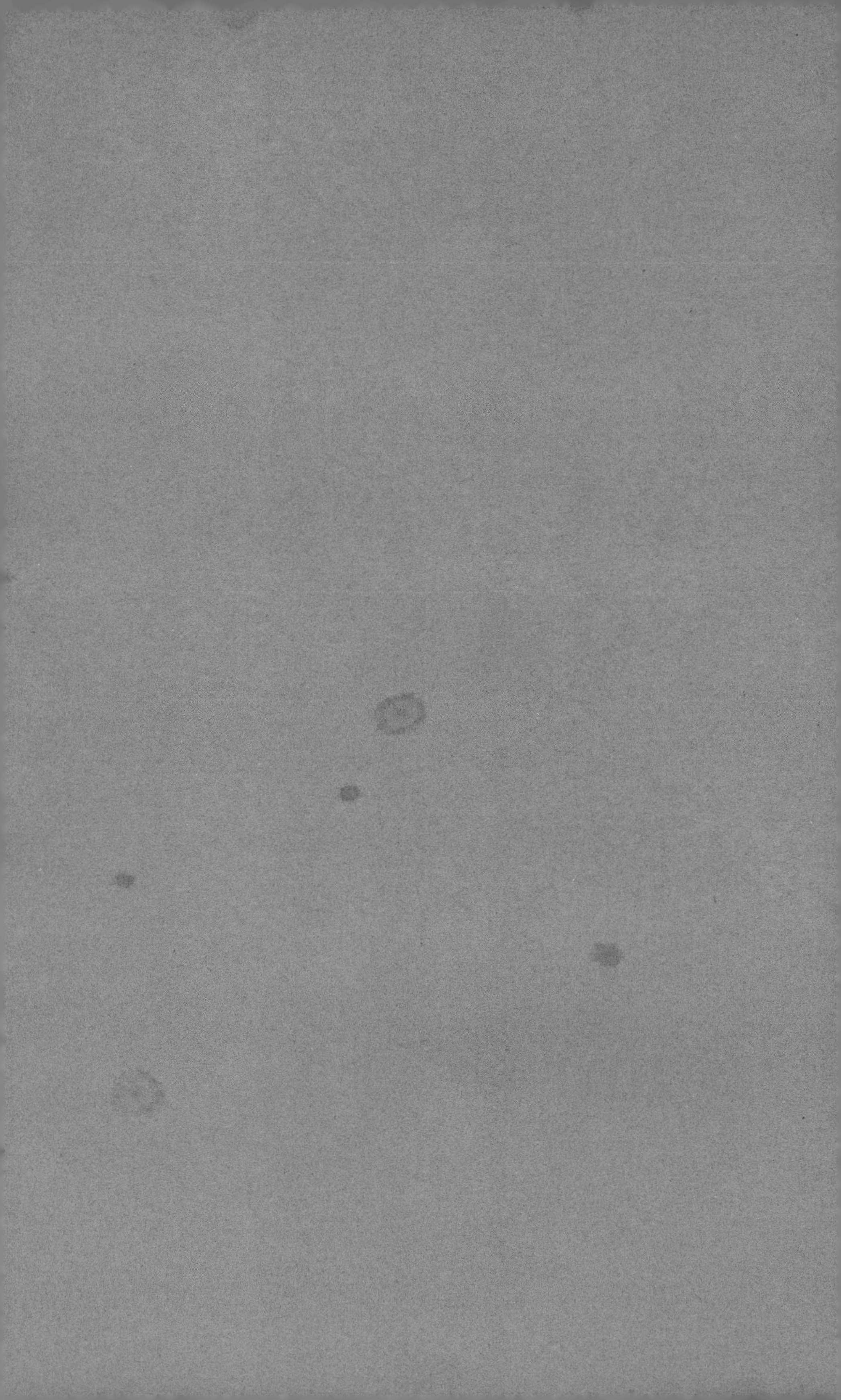

智者見智

閱讀世界的79個視點

張化橋 著

目錄

02
經濟篇

03
美洲篇

目錄

04
歐洲篇

05
亞洲篇

06
中東及非洲篇

07
人生篇

序言：必須讀有用的書、有趣的書

書海茫茫，人生苦短，不挑剔不行。讀書時如果不享受，那就是痛苦，那就不能持續。我曾買過一些書，但是讀不下去，一直放在那裡。

讀書不是必要的。很多人很少讀書，但是他們從人、事、物中學習，十分具有智慧。

成人讀書的時間太少了：餓了不行、吃飽了也不行、困了不行、累了不行、傷心不行、焦慮也不行。

中國的中小學生是世界上最忙的，但是他們堅持讀書。而大多數中國成年人並不忙。很多人閑得發慌，但是我們並不讀書。我們似乎等著甚麼、在尋求甚麼。這當然無法讀書。

我正在試圖學習幾種技巧：

1. 快讀。我假定書是借的，明天就要歸還。我必須跳躍閱讀，抓重點。

2. 有選擇性。絕不因為買了它，就必須讀。每天重新選擇：此刻最有趣的是甚麼、最重要的是甚麼。我每過一段時間就丟大量的壞書。丟掉書更便宜。時間更貴。

3. 名人推薦的書跟我沒有任何關係。很多名人自己未讀的書，推薦只是逢場作戲。

4. 避開艱深晦澀的書。我哪有那個閒工夫？書必須有趣，必須優美。

5. 我每讀一本書必須寫書評或者筆記。一是歸納和提煉書中精華，算是複習；二是這個目的性就逼著自己快點讀完，提高了效率。老是在第一、二章，怎麼行？

商科和文史哲的書，還是英文版原版的更好。翻譯版為其次。外國人寫得一般比中國人更好、更認真。在英語世界，關於如何寫一本非小說類的書，已經有相當成熟的模式。那就是一般的陳述（除了觀點之外）都盡可能核實；引用資料要注明出處。絕大多數英文書都相當詳實、內容豐富。這一點，我們中國的作者還需要花很長的時間學習。我們中國的教育制度培養出來的人（當然含包括敝人）缺乏批判、更缺乏邏輯推理。我們的書太多陳述、跳躍和口號（Assertions）。八十年代，外國老師這麼說，我不服、生氣。後來我明白了。

本書收錄的是我最近幾年讀的83本好書的書評，覆蓋面主要是財經和社會。希望讀者們喜歡。

01

企業篇

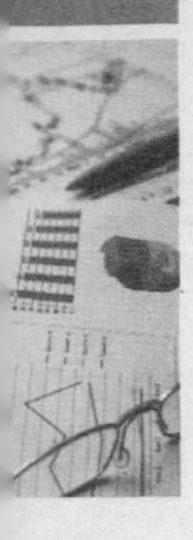

科網巨擘的商業秘密

The Four: The Hidden DNA of Amazon, Apple, Facebook, and Google
作者：Scott Galloway
出版：Portfolio
（圖片來源：Amazon）

我喜歡這本書（特別是行文優美的英文版），作者是個反復創業者，也是紐約大學的行銷學教授。

他說，這四個巨頭有科技嗎？有。

行業選得準嗎？準。

但是，它們巨大的成功歸功於抓住了人心，無恥地、不遺餘力地忽悠、行銷、操縱人們的行為。比如，蘋果手機的行銷利用了人性：死要面子、互相影響、崇拜時尚、不惜餓肚子、罩上一點宗教色彩、追星色彩。越是低收入，越需要有蘋果手機。

又比如，Facebook比任何同行都更巧妙地利用了人們交往、表現和炫耀的欲望。

此書對四巨頭的行銷策略的分析之尖銳、細膩，是書的精華。

然後，他分析了自己在《紐約時報》（*The New York Times*）擔任董事、代表股東利益時與管理層的博弈。他用這個經歷解釋為甚麼全世界的傳統企業已經成為巨頭的小小玩物。即使世界上最受尊重的報紙也只能在媒體的盛宴上撿一些麵條屑。

哪些企業會後來崛起，加入巨頭的行列？作者分析了阿里巴巴、Tesla、Uber、富豪、微軟的優點及缺點。在分析阿里時，他說，阿里的中國標籤讓它在海外沒有「性魅力」(Sex Appeal)，這是行銷之精髓。不管是否合理，大家認為中國企業帶著這樣的嫌疑：剝削工人、假貨、違反智識產權、政府干預！

阿里巴巴在中國講的故事很不錯，但是在海外，它講得不好。它與政府的關係也影響了它在海外的性魅力。

作者還討論了兩個問題：政府是否應該逼著四巨頭拆成若干個公司，以減少它們對世界的控制？在這種極端的世界裡，年輕人如何思考自己的就業策略？

Facebook的醜陋統治

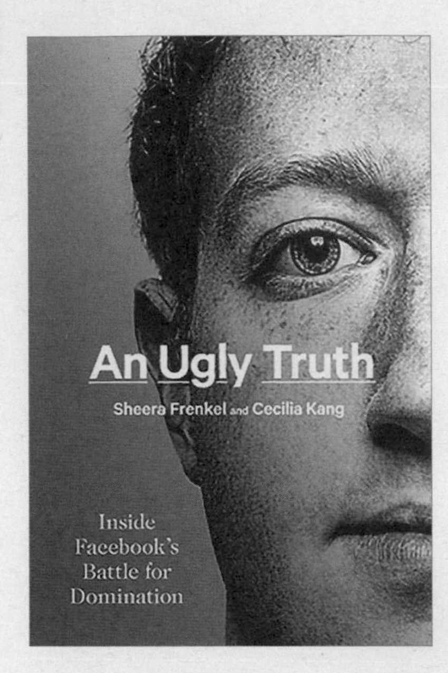

An Ugly Truth: Inside Facebook's Battle for Domination
作者：Sheera Frenkel, Cecilia Kang
出版：Harper
(圖片來源：Amazon)

Facebook在全球有30多億用戶、千億美元市值、去年銷售收入800多億美元，富可敵國。但是對於這間公司內部究竟怎麼運轉的，大家並不十分清楚。這本新書覆蓋了五年的時間，從2016年的美國總統選舉之前到2020年的總統選舉及拜登當政的前幾個月。書的開篇就講Facebook開除了52位工程師，因為這些工程師偷看和濫用了他們的資料特權，比如，找女朋友。如果按照需要或者級別控制員工所能看到的使用者資料(比如，使用時填表、報批)，那又會降低工作效率。而效率、速度又是公司的生命線。Facebook豈能容忍低效率？

在Facebook早期，公司只關心高增長，對於變現並不是特別在意。但是最近十年，它非常在意兩者。這就需要越來越多的使用者，而且使用者在它的三個平台上停留的時間越來越長。這三個平台就是Facebook、WhatsApp和Instagram。Facebook不是新聞企業，但是越來越多人只通過它獲得新聞。這就是它的威力所在。

Facebook力求不得罪任何人。所以在日益分化的美國兩黨之間，公司經常如履薄冰。畢竟，它把自己定位成一個巨大的商業機器。由此，就生出很多問題。政治上的廣告、政客的假話、政客以及他們的支持者的欺騙，以及憎恨的語言究竟怎麼處理？比如特朗普對於穆斯林的憎恨和敵意的語言。

在這本書出版之後，2021年9月份《華爾街日報》(*The Wall Street Journal*) 分7個故事報導了Facebook一個工程師Frances Haugen的爆料。她的爆料包括Facebook加劇了年輕女性的厭食症(為追求身材好而厭食)；Facebook為了吸引更多的用戶，還有一個所謂的「白名單」，對重要的政治人物、文化、藝術、體育界的明星以及商界翹楚都給予特別保護，即使他們説話出格、語言充滿敵意，也都不刪除，讓他們得到保護。Facebook對於販毒者以及人口販賣的活動也有視無睹。還有關於新冠疫情中的很多謊言和欺騙性的報導，Facebook也採取了睜一隻眼、閉一隻眼的辦法。對於那些VIP用戶，Facebook不想得罪他們，不把他們封鎖，而是把責任推給一個外部的專家委員會Oversight Board。

此書還詳細講解了Facebook在2016年對於俄羅斯的虛假宣傳視若不見；還把使用者資料賣給英國的一個操縱選舉的商業機構「劍橋分析」(Cambridge Analytica)。此書還講了Facebook內部管理之簡單粗暴。雖然公司這麼大，這麼成功，但是在決策上非常隨意，用英文的一句話來講，叫做「They make it up on the fly」。

當然這沒甚麼奇怪，它説明一點，從根本上講Facebook掌握了人性、人類的弱點，那就是，第一，人是社會性動物，希望跟別人連著，希望知道別人在幹甚麼，也希望別人知道自己在幹甚麼；眾人都希望鄙視鏈(Chain of Contempt)的存在，彼此論等級、看不起人。如果沒有鄙視鏈，大家都不知道怎麼生活。

第二，人都希望漫無目的地瀏覽各種新聞、小道消息、評論、娛樂。我們可以連續幾個小時漫無目的地瀏覽這些東西，這就跟早年漫無目的地看電視一樣。這就是人性。抓住了這個人性，充分利用了這個人性，就是Facebook成功的關鍵。至於公司內部管理多麼爛、它多麼壞、多麼好，都不重要。

美國兩大政黨都對Facebook很不滿意。但是那又怎麼樣呢？很多人説國會有可能逼迫Facebook一拆成三，或者一拆成二，可是那又怎麼樣呢？其實對它的運營沒有甚麼影響，也許它的三個獨立公司的市值加起來更大。它已經超級成功，任何競爭對手只要一出現，它就會撲上去，買下它或者摧毀它。英語叫「Buy or Bury」。

如果Facebook 沒有收購Instagram

No Filter: The Inside Story of Instagram
作者：Sarah Frier
出版：Simon & Schuster
（圖片來源：Amazon）

此書只講一件事：2012年，Instagram，美國的一個用手機照相並美化、上傳到各個社交網絡的小平台，完全沒有銷售收入，沒有商業模式，只有13個員工，為甚麼獲得全球人追捧，Facebook為甚麼在自己2012年的IPO上市之前，花十億美元收購Instagram，這個交易的最大贏家為甚麼是Facebook（用低價買了一個大寶貝）、監管部門如聯邦貿易委員會（Federal Trade Commission）和國會為甚麼因為誤判而批准了這項併購，導致了今天的Facebook稱霸互聯網社交世界。Facebook跟監督當局說，「你看，我們兩家都不收取消費者任何費用，我們的併購怎麼可能傷害消費者呢？而且，Instagram和我們之間不競爭，我們分別都有很多競爭者。」

此書的作者問，如果這項交易未獲批准，行業會怎樣。我認為大家也許可以比較一下Instagram與中國的美圖秀秀。如果Instagram一直獨立存在，它今天會不會是另一個美圖秀秀？或者說，中國的美圖秀秀如何才能成為美國的Instagram？美圖秀秀有過這樣的可能（市值曾經高達600多億港元），但是它如果很早就賣身給了騰訊，又會怎樣？又一想，其實，中國並沒有一個在商業模式上與Facebook 相似的企業。為甚麼沒有？騰訊不是Facebook，微博也不是，它們雖然都有那麼一點點重疊之處。

今天，中國如果允許 Facebook進入中國，它會興旺得起來嗎？如果不會，為甚麼不會？ LinkedIn（領英）在中國一直不溫不火，為甚麼？

在Facebook體內，Instagram是一個非常有用的單位，但是它無法獨立核算，無法長期獨立存在，因為確實找不到商業模式，就像它的兄弟WhatsApp一樣。但是在Facebook 體內，它們才是寶貝。Instagram的諸多競爭者（包括其他獲名人資助的競爭者）也因此沒有Facebook的生態環境而消逝。

美化和過濾之後的圖像（特別是自己的圖像）説明人類追求美好、自戀、炫耀和逃避現實。Twitter的創辦人多爾西（Jack Dorsey）是Instagram的早期投資者之一，也跟它的創辦人相好，並多次希望收購Instagram，但均未成功。而Facebook的股價在上市以來的6年漲了7倍多，現在相當於還在虧損中的Twitter的20倍。作者認為Instagram嫁接到Facebook的平台上運行，實在是天作之合，極大地發揮了互聯網的網絡效應，又消滅了一個搶奪消費者時間的競爭對手。其實，Instagram幸好在成立之後的一年半就賣身了。它的管理者在招聘、後台服務等方面，已經遇到了瓶頸。

書中有很多關於Instagram被收購之後，兩邊員工之間的溝通、矛盾，公關方面的風波以及與合作夥伴Twitter的決裂。在風格上，Facebook如狼似虎，風捲殘雲，增長壓倒一切，廣告收入至上，而Instagram是一個十分謹小慎微的團隊，強調圖像的藝術，不給用戶一絲壓力，還沒想過銷售收入這件事。所以，兩邊的融合花了很多時間。Facebook的兇悍在最近這兩年有了一個新的驗證：美國有評論員認為，Facebook幫了特朗普，所以特朗普懲罰TikTok和微信是對Facebook的一個回報。紐約時報記者説，「你幫我抓背，我也幫你抓背」。

互聯網企業當然是先做人氣。等用戶數很大之後再琢磨如何變現。Instagram成為Facebook成員之後，很快就有了壓力：如何證明自己，對得起別人支付的巨額對價。可當創辦人賽斯特羅姆（Kevin Systrom）去找朱克伯格（Mark Zuckerberg）談變現方案時，得到的回

覆竟是：「別想廣告的事情。你們繼續做大用戶數吧」。反正公司錢多，可以任性，一定要把地盤做得更大，不給別人任何縫隙（即吸引眼球的機會）。書中描寫兩個創辦人（皇帝與小諸侯）的日常關係及滑雪場的對話，讓人會心一笑。兩人最終分道揚鑣也不奇怪。互聯網鞋店Zappos的創辦人謝家華（Tony Hsieh）把公司賣給亞馬遜之後也未久留。類似的例子很多。

剛宣佈了收購Instagram後，Facebook就發現一個新玩意兒Snapchat正在年輕人之間熱爆。他們的圖片在打開後十秒之後就會消失。Facebook立即抄襲，但是很快就發現在這個小領域鬥不過Snapchat。它出30億美元想收購這個只有17人、且尚無營業收入的公司，卻遭拒絕。

Netflix「零規則」的致勝秘訣

No Rules Rules: Netflix and the Culture of Reinvention
作者：Reed Hastings, Erin Meyer
出版：Penguin Press
(圖片來源：Amazon)

幾年前，我跟某企業家喝茶時，聊起員工薪酬。不知道他是欺負我這個傻分析師呢，還是真情流露。他說，員工的月工資都在千元以下，但是總部的工資更低，我說：「那員工會跑光的」。

「不會。我即使不付工資，他們也會留下來，因為他們都貪污。反正我也無法杜絕」。

早前我讀了Netflix行政總裁黑斯廷斯(Reed Hastings)與管理學教授梅爾(Erin Meyer)合著的這本書《零規則》(*No Rules Rules*)，內容有趣。20年來，Netflix的規劃是「無規則」，主要內容如下：

1. 自己決定上班時間、休假時間，愛休多久，就休多久。只靠業績說話。
2. 公司沒有費用報銷制度。唯一的要求是：你按照公司的最大利益行事(In Netflix's Best Interest)。有一次就出現整個行銷班子坐在飛機前面，行政總裁則坐經濟艙的事情。每個人自訂機票、酒店，報銷只是照相上傳而已，不需收據正本。雖然這樣肯定浪費了一些錢，但是人力和時間的節省以及員工的歸屬感完全抵銷有餘。事後抽樣審計如果發現問題，一定嚴肅處理。批評人和裁員時，不搞你好我好大家好，不文過飾非。

3. 公司沒有採購制度。幾百萬、甚至上千萬美元的劇本內容採購、企業併購，一個小小團隊成員就定了。公司認為，商場上講的就是效率。你把自由推給了每個人，每個人就有了責任。
4. 公司幾乎沒有秘密。業務、財務資料隨時在700多個中高層管理者之間分享，比股票交易所的公告早多了。CEO不僅沒有辦公室，也沒有固定的桌子。
5. 不搞獎金，不搞KPI（關鍵績效指標），員工全部變成月薪制，確定性高，付行內最高的薪酬，留下優才。一個高手的貢獻比一百個常人更大。公司要提高智商密度，把表現一般的人全部裁掉，團隊越小越好。在人才密集型的行業和企業，必須讓每個人發表不同意見，要給真誠的回饋。
6. 在智慧密集的行業和企業，高層儘量不做決定，讓每個員工都做自己的決定。必須分散決策（Dispersed Decision-Making），這不是因為CEO謙虛，而是因為只能這樣。他怎麼知道在墨西哥或者意大利，甚麼樣的劇本能受歡迎，哪些演員代表新潮，應該採購何種道具？如果招錯了人，一定要馬上換。將就的代價太大了，人要少而精。
7. 鼓勵員工跟競爭者和獵頭公司聯繫，發現自己的市場價值。長期來看，你無法用低價留住優秀人才，不如讓大家都到市場上去看看，反正你是樂意付高薪的。況且，你自信，別的公司無法提供你所提供的自由度、決策機制。
8. 每個員工開展一個新專案之前，都儘量徵求同事們的意見。但是，不需要達成共識，也不需要你的上司同意。你是最終決策者（Informed Captain），即使大家反對，這是你的項目。員工必須有「擁有者」的感覺。
9. 要創新，就不能看老闆的臉色行事。老闆能懂這麼多產品嗎？
10. 不能把公司當成家，不能把員工當成家庭成員。必須把他們當成足球隊隊員，不行，馬上換。「沒有功勞，也有苦勞」，那怎麼行？We are a team, not a family，每個崗位都必須是最強的配置。你的團隊某人明天辭職，如果你不會拼命挽留，那證明你早就應該換掉他，而且你應該現在就讓他走。公司只有兩種員工：明星，一般般。必須用慷慨的遣散金趕走後者，留下他們的代價太大。他們拿大錢之前，都要簽字，不告公司。Amazing and adequate. Adequate performance gets a generous severance.

11. 通用電氣(GE)和微軟都曾經實行過員工的末位淘汰制，但是這導致員工內部矛盾不斷，於是分別於2012年和2015年放棄了那套東西。Netflix反對末位淘汰制，而是鼓勵各級經理不斷檢討每個員工是否優秀。而它的員工流失率(主動的和被裁的)遠低於全國平均水準和同行業。
12. 隨時換人確實會給很多員工帶來焦慮。Netflix還讓員工做360度的全方位評判，即評價其他員工。(我在瑞士銀行前後工作了11年，我最討厭每年搞這套玩意，年年窮應付。我哪裡願意給一百多個同事在7個維度上打分，並寫評語？別的人好像也是叫苦不迭。)

Netflix的招數絕非空談，它真做到了。11年前，Netflix就發表了125頁的「文化宣言」(Culture Deck)，引起哄動，全世界都知道它的招數，可是很少有人真正地仿效。每個企業家的心胸和格局不一樣。少數公司學習了一個或者幾個方面，比如Virgin Management就取消了休假的限制。

有評論員說，Netflix是知識密集型行業的人事管理制度的鼻祖和黃金標準（The Gold Standard)，而現在絕大多數企業的HR制度都已經過時了，因為都是製造業 HR的翻版。一個鉗工比另一個鉗工好一倍，就已經很了不起。可是，一個編劇比另一個編劇、一個軟件工程師比另一個軟件工程師、一個基金經理比另一個基金經理可以好幾百倍、幾萬倍。所以，你必須放權，讓他們脫穎而出。成功了，慶祝。失敗了，要總結經驗教訓，但是不要懲罰。

亞馬遜成功的背後

The Everything Store: Jeff Bezos and the Age of Amazon
作者：Brad Stone
出版：Little, Brown and Company
（圖片來源：Amazon）

企業家的傳記有兩種：一種是吹捧和文過飾非，一種是獨立和挑剔。我們神州大地，第一種書比較多，讀者一無所獲，而企業家反而覺得馬屁拍得沒水準：那個作者真傻，把我的商業模式都沒有搞懂，企業的歷史也是胡編的。

最近，我讀了一本關於亞馬遜（Amazon）的傳記*The Everything Store*，這本書雖然高度評價亞馬遜及其創辦人貝佐斯（Jeff Bezos），但是，書的每一章都有批判，諷刺和挖苦。

作者斯通（Brad Stone）持續追蹤亞馬遜逾十年，寫過很多報道，見過創辦人貝佐斯十多次。為了寫這本書而做的調查及研究，堪稱詳盡。書中談到了亞馬遜上百位員工的在過去十幾年來的入職、離去，內鬥和悲歡。帶有這類細節的書在中國可能找不到。

貝佐斯對員工尖刻，成本控制也絕對一流。出差時，他有時讓員工兩人住一間房，停車需自己付費，等等。他對員工的能力要求也很高。他有個原則，每個新員工必須比現有的員工高明，否則，何必招聘？當然，這個原則不見得能夠百分之百得到貫徹，不過，作為一個原則，還是很有好處的。

書中幾乎有一整頁是貝佐斯罵人的金句集錦（第268頁和222-223頁），「你為甚麼要在這裡浪費我的生命？」他的尖刻連微軟的蓋茨都有過之而無不及，蘋果電腦的喬布斯罵人時的殘酷也不過如此。

作者說，在公眾場合，貝佐斯幽默，迷人，但是，私下裡，他可以把員工的頭咬掉！（While he was charming and capable of great humor in public, in private, Bezos could bite an employee's head right off.）

雖然貝佐斯眼光遠大，也很執著，但是他和高層其他人對配送究竟是不是一項核心競爭能力，也曾經有過懷疑。該不該外包？亞馬遜究竟是零售企業，還是科技企業？

亞馬遜把業務規模看得比任何事情更重要：利潤？那是未來要考慮的事情！

亞馬遜的成本控制實在一流：員工（特別是倉儲和配送的員工）在非常艱苦的條件下工作，而且工作時間長，勞動力大。在倉儲和配送過程中的醜聞，事故和混亂，可謂比比皆是。

貝佐斯的商業眼光被反覆證明高人一等。不，高人幾等。他一直強調，只要顧客得到超值的服務，其他問題就迎刃而解了。他反覆否決高管團隊提出的加價請求。虧錢？繼續虧！

華爾街的分析師、傳媒*Barron's*，和研究機構Forrester Research都曾經為亞馬遜的死亡準備好了「追悼辭」，不過，他們都錯了。

在多位老將陸續離開時，貝佐斯堅持把商業利益放在個人感情和朋友關係之上。早期貝佐斯曾經許諾跟他一起創業的 Kaphan，只要你願意，首席科技官的位置永遠是你的。不過，時過境遷，事不由人啊！後來，貝佐斯把Kaphan撂到一邊，後者不得不知趣而退。

貝佐斯的大笑具有標誌性，它劃破晴空，它讓你放鬆警惕，它懲罰你，它讓你不知所措。

在2000年前後，亞馬遜到處「撒胡椒麵」，即是毫無章法，參股和控股了大量的互聯網企業，在整合方面非常失敗，多數落得個煙消雲散。

在跟玩具反斗城（Toys“R”Us）、沃爾瑪（Walmart）、書店，和珠寶商的合作過程中，亞馬遜都以官司告終。為甚麼？亞馬遜的固執當然是原因之一，但根本問題是，亞馬遜本來就是顛覆者，怎麼可

能與舊的社會秩序長期共存呢？ 業界說，貝佐斯根本不可能有長期合作夥伴，你只能為他效勞（One did not work with Jeff Bezos; one worked for him.（第103頁））。

大約1999年底，Sony的高拜訪亞馬遜，探討合作，結果在倉庫裡看到一堆Sony的產品！未經許可，亞馬遜在盜賣Sony產品？

雖然高明，也做了很多錯誤的決定。高層跟他爭執時，他有時會說，「我需要去樓下拿個證明書，證明我是CEO嗎？」公司高層內鬥盛行，但是何妨？貝佐斯基本上是，認之。鐵打的營盤，流水的兵。

貝佐斯不是人，至少不是常人，他也許是神，他堅持把平台業務Marketplace跟自營業務放在一起，讓顧客選擇產品：協力廠商的二手減價貨跟自己的新品放在一起賣。他的信念往往是革自己的命，讓顧客得益。然後，最終自己得益。這也就是華爾街經常念叨而又難以做到的「長期貪婪」（Long-term Greedy）：為顧客兩肋插刀，最終讓我得益。

2001年，亞馬遜負債累累，險象環生。雷曼兄弟公司的債券分析師Suria不斷用機關槍掃射亞馬遜。貝佐斯和高層起初尚能克制，後來粗暴投訴，分析師不得不掛甲而去。而且，在分析師報告出版之前貝佐斯已經看到報告初稿，竟然還減持，套現1,200萬美元，不是瓜田李下嗎？

雖然這本書有很多有趣的內容，但是，你讀它絕對不光是為了娛樂，我希望理解他如何跟沃爾瑪等實體店打交道，實體店如何反擊。另外，亞馬遜如何處理短期財務壓力與長期利益，亞馬遜的「優等客戶計劃」（Prime）如何極大地改變了消費者習慣等。

勢不可擋亞馬遜

Amazon Unbound: Jeff Bezos and the Invention of a Global Empire
作者：Brad Stone
出版：Simon & Schuster
（圖片來源：Amazon）

這是作者關於亞馬遜的第二本書。2013年，他寫過第一本書叫*The Everything Store*，這幾年間幾個變化是，第一，亞馬遜的雲服務Amazon Web Services的重要性已經遠遠蓋過傳統的零售業務；它收購了Whole Foods超市公司；在印度拒絕高價收購競爭者Flipkart，但也取得了霸主地位。雖然Flipkart後來賣給了沃爾瑪。但是亞馬遜與富豪至少平分秋色。當然，印度的業務還在虧錢。它的物聯網Echo及Alexa也超級成功。

這本書有趣的一章是講亞馬遜在中國失敗的原因，也許退出去的時機不對，太早了，應該再堅持幾年。亞馬遜電影製作和播放也頗有斬獲；老闆貝佐斯（Jeff Bezos）買了《華盛頓郵報》（*Washington Post*）。這是在上市公司之外的一個業務，不過它與上市公司也頗有關聯，比如上市公司的客戶可以免費收到華盛頓郵報，還有，他們一起舉行活動、推薦等。

這本書的核心還是強調亞馬遜已經形成了一個巨大的良性迴圈。它堅持用最低價為客戶提供最佳的服務，最快的派送。因此吸引消費者，同時也吸引越來越多的協力廠商大大小小的商戶、到上面賣貨，擴大生態。生態和流量的增加又使得它可以進一步降低成本，提高技術水準，加快配送。同時又吸引更多的消費者和大小商戶。

亞馬遜這麼大的公司每年還以百分之30到50的速度增長，實在是太可怕了。除了良性迴圈以外，它還衍生出很多新的業務。誰知道呢，也許它還會做更多的併購，開闢更多的業務條線。這本書對我來講沒有甚麼特別之處，不過作者的研究非常紮實，故事也很有趣。

作者寫的這兩本書都非常強調一件事。亞馬遜的管理層，包括老闆本人對細節之重視、內部管理之緊湊，是罕見的。我見過的很多企業管理層都喜歡把非常重要的事情交給別人，美其名曰授權，但實際上就是偷懶。

中國的人寫的財經書，一般沒有故事，沒有批判。可英文書是完全不同的。這本書沒有歌頌亞馬遜和貝佐斯，沒有「啊！偉大啊！」。書中說，發明本身並不重要，重要的是發明一個能夠不斷發明的環境和制度。此書有的只是獨立和批判的眼光和筆觸，書的最後幾頁問，世界會不會因為亞馬遜的存在而更加美好，或者，沒有亞馬遜更好？誰能回答這個問題呢？

貝佐斯不是甚麼「好人」，他也許是一個相當「刁鑽」、很挑剔、不容忍的老闆，書的扉頁竟然如此影射。

在社會層面，此書對員工的辛苦、小微商戶的掙紮和競爭者的抱怨都做了詳盡的分析。

我讀了關於亞馬遜的這兩本書之後的一個體會就是，作者雖然對這家公司很崇拜，但是批評的筆觸也相當尖銳。主要是：這家公司對員工相當苛刻，對競爭者非常殘酷。它的壯大對社會進步究竟是好事，還是壞事？

它的增長似乎勢不可當，它還會越來越大，現在它好像一個飛輪(Flywheel)在旋轉。這對社會究竟是好事還是壞事，很難講。美國的監管部門似乎也沒有權力(至少在現在的司法體制下沒有權力)限制它的發展，或者把它強制拆開，因為亞馬遜可以說，它完全不是壟斷，它的競爭者很多。事實上，它不僅在美國是龍頭，在絕大多數國家也是龍頭。但是龍頭不是罪啊！

亞馬遜對其他國家的監管當局也很頭痛。由於它是美國公司，美國政府不斷地利用自己的軍事、外交和經濟力量威脅別的國家不要對美國互聯網公司徵收所謂的互聯網稅，所以它和Facebook、微軟等巨頭的綜合稅收免擔很低。比如，英國和歐盟曾經多次提出要對互聯網企業徵稅，但是美國政府堅決反對，並威脅要制裁這些國家。誰不怕美國呢？所以，到現在，數碼稅（Digital Tax）還沒影子。

自從新冠疫情以來，美國的科技公司和互聯網公司的業績增長速度反而上升了。這麼大的公司在經營風險比較小的情況下，還用30%，甚至70%-80%的速度增長，難怪他們的股價不斷創新高。這也是傳統企業根本無法競爭的根源。

年終，外資機構都對員工進行評價、回饋。雖然我在各種外資機構工作了20年，但是我一直不喜歡、不習慣、每次都想逃避。書中講，亞馬遜終於也發現，每次年終做了回饋以後，員工都像泄了氣的皮球一樣，即使最好的員工也是如此。

貝佐斯說，這的確是一個有問題的做法。假定你年終跟老婆坐下來給她做一個評審，你說：「你有愛心，你很辛苦，非常美麗，做了很多很多的犧牲和貢獻。不過你就是稍微有點胖」。你想結果會怎樣？只有這句話留在了她心中，對她的打擊有多大？

通用電氣：透支未來的老闆

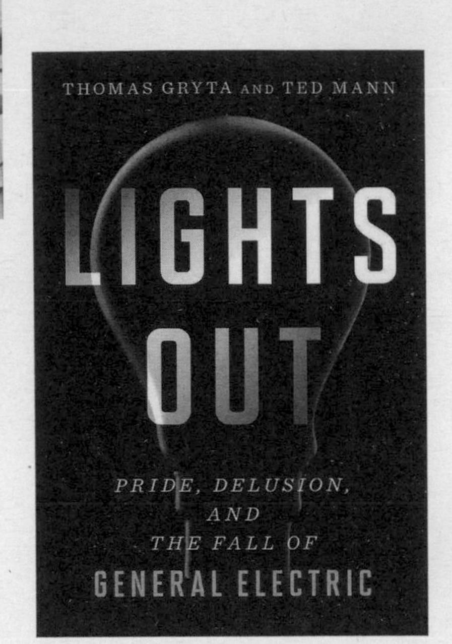

Lights Out: Pride, delusion and the fall of General Electric
作者： Thomas Gryta, Ted Mann
出版：Mariner Books
（圖片來源：Amazon）

這本關於通用電氣（GE）的巨著覆蓋了過去40多年的歷史，非常值得一讀。它講述前主席韋爾奇（Jack Welch）和繼任者伊梅爾特（Jeff Immelt）在企業管理方面的成功、失敗、掙扎及驕橫。

GE的主要業務有醫療器械、天然氣發電機組、飛機引擎、媒體以及一個巨大的非銀行金融機構GE Capital。韋爾奇當政的那些年股價大漲，可是他的成功與他的傑出管理才能關係不大。根本上還是經濟騰飛，生逢其時。加上他膽大過人，在會計入帳方面上下其手，誇大利潤；在合法的範圍內，他把利潤通過各種手段調高，把問題一直往後推。這些財技包括在養老金上做文章、通過GE Capital做資產回購、做貸款、做賣方融資及做買方融資等等。

GE把會計方面的手段用盡了，比如把天然氣發電機組的渦輪在未來20年、30年的服務合同收入今日入帳（這屬於合法的），但是它一直對未來會計上的假定用過分的樂觀和激進。對於GE這麼複雜的大型綜合性企業，在會計上做些手腳是不難的。

即使這樣，年復一年地把問題和成本往後推，把收入往前提，總有一個極限，結果到了最近十幾年，由於經濟放緩，也由於會計上對未來透支過大，財務表現終於無法不崩潰。書中講了兩代管理者如何操縱媒體、影響分析師、忽悠投資人的，趣味橫生。比如，把一個綜合性的工業企業硬是定位成軟件企業。

書中最有趣的內容之一是GE收購法國阿爾斯通（Alstom）的天然氣發電機組製造業務的全過程。GE志在必得，財大氣粗，不講嚴謹的分析方法，而是長官意志至上，鐵定了要收購，所以倒逼出來一個收購價格。那麼多的高管和聘請的財務顧問都唯唯諾諾，個個是馬屁精，沒有一個質疑的聲音，不用專業的分析方法，明知道被收購的公司即將倒閉，GE卻花了170億美元和三年的時間，浪費了無數的時間，裝模做樣做分析和演算，走了無數監管流程，最後買回來一隻殭屍，這與某國的企業進行海外併購時的長官意志，何其相似乃爾！用一句話說，就是皇帝的新衣。

此書的作者認為GE從頭到尾管理就混亂，特別是最近二十多年，公司竟然有500多個獨立核算單位、幾百套企業軟體同時並行。它冗員嚴重、浪費驚人，比如董事長出門坐專機，不是一個，而是兩個，高層工資獎金也嚇人，GE Capital實際上就是一個次貸機構，它也是GE對利潤進行操控的一個老鼠倉。

這本書有一個結論：一個小公司也許可以年復一年高速成長，但是一個大型的綜合性企業，像GE這樣，它的增長率也就是在GDP增長率的上下浮動，不可能太高。

第二個結論就是：傑出的企業家是罕見的。最重要的還是宏觀經濟以及所處的行業。不是因為伊梅爾特比韋爾奇更加無能，而是因為韋爾奇把繼任者的收益過度透支了。而且，宏觀經濟下行，所以令伊梅爾特撞上不好的時機。書中講到2004年以來的14年間，管理層回購股票花掉1,080億美元。每年還分紅幾十億美元，加上做了幾個非常錯誤的拼購，虧了幾百億美元。

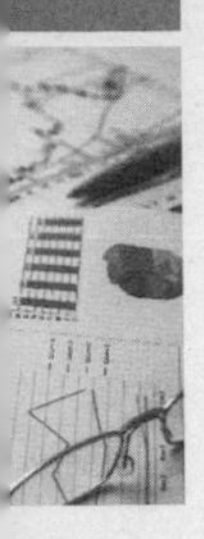

「我執掌通用電氣的16年」

Hot Seat: What I Learned Leading a Great American Company
作者：Jeff Immelt
出版：Avid Reader Press / Simon & Schuster
(圖片來源：Amazon)

這本書作者就是通用電氣(GE)前行政總裁伊梅爾特(Jeff Immelt)，內容不如上一本*Lights Out: Pride, delusion and the fall of General Electric*同樣講述GE的書那麼紮實、獨立。當然，原因可以理解。讀完之後我覺得這本書比較膚淺、自我辯護和樹碑立傳的內容太多。自我辯護的地方包括第一，身為GE前掌舵手的作者，他的前任韋爾奇(Jack Welch)留給了他一個爛攤子，特別是三個領域：

1. 非銀行金融機構GE Capital實際上是次貸機構、規模太大，相當於整個集團百分之四十、五十的利潤。而這是一個高風險的行業。它長期靠著公司的工業板塊的現金流，以及3A級的債券評級，發債加大槓桿、發放各類次貸。
2. 幾個工業板塊長期投資不足、競爭力下滑、增長放慢，對未來銷售收入和利潤的透支過大(會計入帳很激進)。
3. 韋爾奇當年收購了一個巨大的再保險公司，潛伏了巨大的風險，導致公司在繼任人的年代虧損150億美元。

作者伊梅爾特於2017年離任，他承認在管理通用電氣的16年犯過很多錯，其實是一個不成功的行政總裁。畢竟16年是很長一段時間，他找了一些正確的藉口，他在重組方面步伐緩慢，而且他是一個銷售人員出身，一天到晚在充當銷售總監的職責，而沒有做行政總裁最應該做的事情，那就是資本配置。

他的許多收購也虧損了100多億美元〔包括法國阿爾斯通（Alstom）的發電機組業務〕。他還買過很多不該買的資產，比如油氣開採設備的製造等。當然，韋爾奇留下了一個高達50倍市盈率的股票，當股票從50倍市盈率降到10倍市盈率時，這也給繼任者添了大麻煩。

伊梅爾特說韋爾奇的「第一、第二」理論完全是瞎說。如果你在某些行業已經是前幾名，你說「我要維持前幾名」，這沒問題，可是你進入新的行業，憑甚麼你是第一、第二呢？你還創新嗎？你還進入新的領域嗎？

伊梅爾特稱，在他接掌GE帥印前，他和韋爾奇有次在倫敦某宴會上，一位英國爵士向韋爾奇戲謔道，「你是怎樣做到的？你如何用那袋垃圾搞出50倍的市盈率？」

微軟CEO的同理心

Hit Refresh: The Quest to Rediscover Microsoft's Soul and Imagine a Better Future for Everyone
作者：Satya Nadella、Greg Shaw、Jill Tracie Nichols
出版：Harper Business
（圖片來源：Amazon）

微軟行政總裁納德拉（Satya Nadella）在*Hit Refresh*這本書中講，他兒子有先天性疾病，一直與輪椅相伴，並必須在西雅圖接受治療。他的一個女兒有先天性學習障礙，她和太太輪換每個週末都開車去溫哥華（距離230公里）上一間專門的學校。這樣堅持了五年。

他說，宇宙之內，痛苦和磨難是永恆的。那間溫哥華的學校裡，有各國的學生。他知道，人類有這樣的、那樣的問題、挑戰。同理心(Empathy)至關重要。這也是他作為 CEO 帶來的微軟文化。美國企業也歧視外國人。不過，納德拉的這本書讓我大吃一驚：微軟的中層和高層裡有很多外國人（印度人、日本人、韓國人、俄國人、古巴人和非洲人等）。他自己就是印度人。很多高管連美國國籍甚至連永久居民身份都沒有。

我們的企業的胸襟還差得很遠。

開放不是對外國人恩惠，是自私，是最高明的自私。誰是美國人？這個定義天天在變化。從愛爾蘭人，到印度人、伊朗人、中國人、德國人、烏克蘭人……你想發明創造，你就去美國；你有野心，你就去美國。這種海納百川，讓別的國家根本無法競爭。

我們堅持華人(而且只是一部分華人)的晶片才是中國人的晶片。所以我們只能輸在起跑線上。我們還主動大批量地向美國輸送人才。

要競爭，我們就必須吸引海量的、對秦始皇、唐太宗、孔丘完全不感興趣的外人。

有人誤以為我說的是，我們應該去海外挖人、挖高人。我絕不是這個意思。我是說，我們要創造氣氛、氣候，讓別人削尖腦袋，打破腦袋，擠進中國，成為中國人。挖人太累，太落後。讓人家主動送上來，那才是高水準，效率高，成本低。美國是世界人民打造的，我們不應該輸在起跑線上。

創業者如何從零到一

Zero to One: Notes on Startups, or How to Build the Future
作者：Peter Theil, Blake Masters
出版：Currency
（圖片來源：Amazon）

在我面前擺著一本小巧玲瓏的英文書*Zero to One*。作者泰爾（Peter Thiel）是PayPal創辦人之一，後來他還作為風險投資者投資了Facebook等。實戰家寫的書就是不一樣！

在整本書中，他講的都是如何創業，如何做風險投資。但是，我是帶著股票投資者的眼光讀這本書的，也很有意思。書中有幾點，我想摘譯出來跟朋友們分享。有些地方大家不見得認同。

1. 謊言。太多企業聲稱「我們是某某行業的第一名，擁有26%的市場份額」。這相當於說，我們是中國西南地區錫紙包裝的川式泡菜的第一名，或者，我們是東亞地區灰色鈕扣直銷廠商的第二名。這種小樣本式的號稱沒有意義。相反地，真正的壟斷者（比如谷Google及微軟）生怕監管當局關注到他們的壟斷地位，所以，他們故意放大他們所在的行業的範圍（即是分母）。

2. 作者非常強調壟斷地位（護城河）。投資一個沒有壟斷地位的公司，就是等死。恰好前幾年爆出巴菲特2006年投資英國超市企業Tesco大虧其錢的故事，我覺得巴菲特有時也忘記了他自己津津樂道的「護城河」理論。他以前多次說，零售和餐飲業不能碰，因為缺乏護城河，顧客叛逃的成本太低。

3. 仿冒無罪，跟蹤也行，不過，你的產品一定要有革命性的改進：起碼好10倍。否則，別做！因為消費者不值得聽你的故事。如果你的產品比市場上已有的產品好20-30%，這還不值得覆蓋消費者的置換成本。

4. 如果一個行業（和企業）在下行，那多麼便宜的估值都沒有意義。如果一個企業有獨到的技術，它未來5-7年的虧損都不可怕。重要的是它10年後，20年後的江湖地位以及現金流。作者反復談Google，亞馬遜、Twitter以及Facebook為甚麼值錢的道理。作為投資者，「你必須朝遠處看」，科技企業當然要有高增長率，但是，這不是問題的全部，甚至不是問題的重點。高速增長的客戶群以及銷售額本身沒有意義，比如，團購網Groupon和憑農場遊戲打出名堂的Zynga等等曾經有很高的增長率，但是，團購的商家很快失去了興趣，農場遊戲的玩家們很快也厭倦了。你突然發現，你黔驢技窮了！

5. 擁有核心技術是企業成功的必要條件，但不是充分條件。沒有比別人好十倍的核心技術，根本就是免談。2008年以來，美國太陽能行業的全軍覆沒根源在於它們的產品沒有十倍的改善，甚至根本沒有改善！

6. 跟其他專家不同，作者強調創業企業必須尋找一個很小的行業，在那個行業中迅速成為壟斷，然後再到周邊尋找相關行業。比如，亞馬遜先是霸佔書籍的零售，然後音樂，然後其他產品。作者說，他很反感創業者說這樣的話：「你看，我們在某某行業的市場佔有率還不到1%，所以增長空間巨大」。作者說，那99%市佔率中的任何企業都可以要你的命！

7. 企業創辦時的缺陷，永遠無法事後彌補。

8. 酒香也怕巷子深。產品好，也要叫賣。

9. 創業者去見投資者時，最好不要西裝領帶。

10. 創業型企業的CEO的薪酬，不能超過10萬美元。其餘的部分應該是股票和期權。

11. 風險投資基金必須集中火力，不要「撒胡椒麵」，即是不要過於分散，沒有重點。

12. 世界上還有很多沒有解決的問題。不要認為創業沒甚麼好做了。要敢想敢做：What valuable company is nobody building？

搗亂矽谷的人Peter Thiel

The Contrarian: Peter Thiel and Silicon Valley's Pursuit of Power
作者：Max Chafkin
出版：Penguin Press
(圖片來源：Amazon)

這本新書以PayPal 創辦人泰爾(Peter Thiel)為主線講矽谷創業者和投資者的故事；以及他如何與美國前總統特朗普以及其他國會議員勾結，發財致富。表面上看泰爾是一個自由派、無政府主義者，或者叫反對現行制度的搗亂者(Anti-Establishment Bomb Thrower)，但是，他相當有心計。他所有做的事情都是從商業利益出發的。

他是德國移民，父親是工程師。他父親曾經被派到南非的一個鈾礦擔任工程師兩年，所以泰爾在那裡讀中學兩年，然後他回到三藩市。他聰明過人，好勝心強，上了史丹福大學，他成績優異、性格怪癖。

他喜歡下棋，這也反映在他後來的生意和生活都是相當有算計的。在學校讀本科和碩士的那些年，他一直是一個學生組織中活躍分子。他創辦並且主筆了一個刊物叫《史丹福評論》(*The Stanford Review*)。他的觀點當然是極右，在人權、自由、種族等方面，但是他的很多理論和行為充滿了矛盾。比如，他自己是同性戀者，這在某種意義上也許是一種反叛，當涉及到黑人、移民和穆斯林等問題時，

他又似乎表現出白人主義傾向。

他做過7年律師，不成功；後來在瑞士信貸銀行工作了兩年，也馬馬虎虎。於是，他創立自己的投資公司，他創辦PayPal，終於一炮成名。但是他對管理企業和人並沒有興趣，於是他把PayPal賣給eBay之後就辭職，繼續經營投資。

他創辦PayPal曾經與Tesla創辦人馬斯克(Elon Musk)的X.com在一起辦公。後來他們都有困難，於是合併。由馬斯克擔任CEO，但是當馬斯克在澳洲度蜜月的時候，泰爾和他的鐵杆兄弟們逼宮，迫使董事會罷免了馬斯克，請回泰爾當CEO。

雖然泰爾在馬斯克背後捅了刀子，但是後來他們倆竟然能夠保持商業友誼。Peter還在關鍵時候投資了馬斯克的衛星公司SpaceX。足見二人為了商業利益，胸懷還算寬廣。

2008年，美國金融危機來臨前好幾個月，泰爾就已經有強烈的感覺。他覺得世界末日已經到來，資本市場會大跌。他寫了洋洋萬言書給他的有限合伙人(LP)投資者們。可是，他一直無法找到沽空的方法，這是非常奇怪的。在猶豫之間，股市已經在下跌。他說，最好沽空的股票應該是銀行，因為美國的金融危機是由次貸的住房按揭引起的，可是他看銀行這個板塊已經跌了不少了，所以他不僅沒有沽空銀行，反而買了大量的銀行股票，為甚麼呢？因為他認為政府會拯救銀行，那麼銀行股又會大漲。沒想到這一戰他大敗。雷曼兄弟倒閉前後，銀行板塊又大跌了許多。一次大錯，導致泰爾又一次大錯。後來在美國股市強烈反彈的時候，他手中不僅無貨，而且他還是處於沽空狀態。

在特朗普競選美國總統的2016年，泰爾高調支持特朗普。這反映了他的政治敏銳，也反映了他的商人手段。他因此得罪了矽谷圈的大量自由派人士、民主黨人士。可是他獲得的好處十分明顯，他至少影響了四名國會議員的入選，他自己也當上了國家情報顧問委員會顧問，一時風頭正勁。可是，2020年當特朗普競選連任似乎無望的時候，Peter保持了與特朗普的相當距離。

美國一家媒體*Gawker Media*撰文披露泰爾的同性戀事實，而且用語相當殘酷。這一箭之仇，他一直記在心中。後來，終於有一個機會讓他報仇。他私下出資，讓該媒體的另外一個受害人跟這家媒體打官司，迫使這家媒體以及它的老闆破產，這充分顯示了泰爾手段之兇狠毒辣。他對這家媒體為甚麼有深仇大恨？還有一個原因就是Peter的很多LP投資者都是中東的穆斯林投資公司。當媒體把泰爾的同性戀事實公之於世之後，他認為中東國家很多投資者撤回了資金，因為在那些國家，同性戀是非法的。

泰爾的財富集中在一家情報軟體公司Palantir，雖然他在PayPal和Facebook等其他公司上也賺了很多錢。這家國防安全和情報軟件公司雖然一直虧錢，但是規模比較大，而且估值非常高，現在市值300億美金，Peter佔20%股份，而且他與另外兩友組成了一個信託，牢牢控制這家公司的投票權。

給泰爾貼標籤非常難，因為他性格中充滿了矛盾，他的行為中也充滿了矛盾，很難講哪些事情是真實的他，哪些事情是他裝出來的，一切都是為了利益，這是此書的結論。既然他是一個無政府主義派，那他的情報軟件公司的主要客戶又是美國的軍方和CIA，這不是很矛盾嗎？他還協助特朗普選舉，並且在特朗普政府擔任顧問。這不也是很矛盾嗎？

此書雖然以泰爾為主線，但是作者非常詳細地講解了他身邊的人，比如馬斯克、特朗普、LinkedIn聯合創辦始人霍夫曼（Reid Hoffman）、紅杉資本的合夥人及矽谷和美國政界各種人等。

WeWork的似是而非最迷人

Billion dollar loser: The epic rise and fall of Adam Neumann and WeWork
作者：Reeves Wiedeman.
出版：Little, Brown and Company
（圖片來源：Amazon）

這本書講的是共享辦公室營運商WeWork的興衰。它的故事情節我都是知道的，不過這本書的最大價值，對我來講是娛樂以及學點英文。

WeWork的共享辦公空間不是甚麼新主意。幾十年以前就有這樣的運營商，比如英國的Regus（IWG Group）。其實世界上到處都有很多小型的運營商，只是WeWork把它搞大了，並硬要把它弄成一個所謂的社區服務、社交網絡、嬉皮士聚集地。它加了點情懷、娛樂性的東西，靠忽悠給它增添了不少色彩。很重要的一點：WeWork讓租客有充分的自由度，可以按星期，或者按月租。而且它弄出了一些好玩的特點，比如共用空間大、酒水和咖啡免費供應，每個星期一個Party。它願意虧錢，把租金壓得很低，免租期弄得很長；雖然公司虧了錢，但是它辦公室數量增長得很快，擴張很快，這是他們吸引風險投資、私募股權投資者的原因之一，「這麼快速的成長，萬一不成功呢？」

當然，公司在內部管理方面有很多不嚴謹的地方，包括聘用親友、決策隨機性，還有不計成本。一個硬幣都有兩面。WeWork公司的一個員工曾經說過一個非常經典的話，他說，十個股權投資者都很聰明、都放棄投資。可是，只要有一個傻瓜投資者願意給出極高的估值，那麼這個估值就是市場的估值，你就有了幾十億美元甚至幾百億美元的估值。

2019年WeWork最高峰的估值是470億美元，但是當年的IPO失敗了。等了兩年，在2021年，它與一個SPAC（特殊目的收購公司）合併，市值只有90億美元。

它的商業模式就是二房東：把一棟樓或者幾層樓租下來，加以改造，做成很多小間或座位，分租給單幹戶或者小型公司，「期限錯配、長進短出」。即使在風平浪靜的時候，這種商業模式也是有風險的，起初的租金支出和裝修費用都是固定的，可是誰也無法預料未來租客的多少、空置率和續約情況，只要一遇到經濟下滑，這種商業模式就爆煲。

雖然它一直把自己說成是科技公司，但它的IT很落後，而且它對軟件的依賴程度並不高。它不像軟件企業或者互聯網公司那樣容易產生網絡效應或者運營槓桿。在某種程度上可以說，每棟樓都是相對獨立的，雖然在行銷方面有那麼一點點規模經濟。WeWork的創辦人說，他不管毛利率高低，「我只管增長，我只想大到不能倒」。

WeWork也擴充到了住宅市場的二房東（WeLive）以及小學（WeLearn）。在企業管治方面，他們的問題很多，包括聘請大量親友做管理層、把公司的品牌註冊在自己名下，並用900萬美元賣給公司、以及把老闆自己的樓宇長期租給公司。

軟件企業每發展一個額外的客戶，邊際成本幾乎為零，可是對於一個共享辦公室的平台來說，額外的客戶有額外的成本，而且成本不低，這就是本質上的區別。這也是為甚麼WeWork的規模經濟並不明顯。軟件企業或者平台企業（微軟、Facebook、亞馬遜及微信等）有一個特點就是網絡效應。網絡效應是甚麼呢？就是越多的人使用它，另外的人就有壓力要使用它，用的人越多，用的人就越多，那些不用的人就會被吸進來，而辦公室共用平台嚴格講並不算平台，它並沒有吸納效應、網絡效應。

共享辦公室的社交和社區概念稍微有點牽強附會，因為畢竟每個人都有自己的壓力、自己的生意、自己的生活。一棟樓與另外一

棟樓的關係非常有限。即使在同一層樓，大家的所謂交往也是很有限的。

WeWork一直把自己說成是科技公司。可是這個公司並沒有甚麼科技。創辦人兼前行政總裁紐曼(Adam Neumann)甚至根本都不能用電腦，也不能閱讀，因為他有閱讀障礙症。他的電郵和書信來往都是由他老婆和秘書代勞的。

WeWork公司的創辦人經常聲稱，「我們的使用者需要辦公空間，就像Uber需要汽車，Airbnb需要房間一樣。」其實這兩邊還是不一樣的；兩邊的網絡絡效應不同；新用戶的邊際成本不同。WeWork的商業模式是，一個蘿蔔一個坑，可怕的是，如果十個坑只能找到七個蘿蔔，使用率低到某個地步，那就要虧錢。而軟件公司是：一個坑可以栽幾個蘿蔔，很多個蘿蔔，甚至是無限多個蘿蔔，辦公室市場、房地產市場的根本問題是太大，不管你有多少錢，你的市場份額都太小。你永遠沒有辦法影響價格，甚至沒有辦法影響一個城市的價格，也談不上所謂護城河。

一滴血揭發的連環欺詐

Bad Blood: Secrets and Lies in a Silicon Valley Startup
作者：John Carreyrou
出版：Knopf Doubleday Publishing Group
（圖片來源：Amazon）

這是一本紀實書，但比驚險小說更驚險。一個美國的女青年伊莉莎白・霍姆斯（Elizabeth Holmes）創業，成立Theranos，希望通過手指頭的一滴血，檢測幾十種疾病或者指標。她是史丹福大學輟學生，但是野心過人、手段毒辣，但她從頭到尾就是一個騙子。小事情，她做作；所有事情她都撒謊、誇大。她的十句話裡，九句半是假的。與她同居的巴基斯坦裔男友比她大二十多歲，是公司第二把手，他倆欺凌員工、打壓異己、欺騙董事、合作夥伴和監管部門。

這個情侶檔脾氣壞、手段卑鄙，而且不惜重金聘請最昂貴的律師威脅員工、客戶和記者。我多次試圖掠過書內一些不那麼重要的細節，但是此書太驚心動魄，我掠過了之後，又不得不回頭來，看我剛才跳過的那一段或者那一頁。這跟中文書完全不同，中文書太缺細節，我有時候跳過幾頁、幾章，但是不影響對整本書的理解。而好的英文書，你根本沒辦法這樣做，因為它的內容太多，擠在短短的幾段、幾頁。一根線牽著另一根線，我跳不過去。書中有個細節：公司總裁帶著幾百個員工，高呼：「華爾街日報記者John（此書作者），我操你的！」

這本書有中文版，但是英文版的美麗就是它有很多精彩句子、字眼，是學英文的好材料。

書中的主人翁霍姆斯跟美國食品藥品監督管理局(FDA)和州政府監管部門的周旋讓我覺得可笑。她在幾輪融資過程中跟投資者撒的謊也很可笑，因為這個企業在十幾年中的謊言太多，很快就露餡了，比如銷售收入的預測、業務的預測等等。但是沒關係：今天騙，算今天；明天的謊言，明天再編，一直騙到成功，Fake it until you make it。作者說，這是矽谷創業企業的一個通病，其實世界各國都一樣。

她手段厲害，會拍有用的馬屁，又美麗動人，所以她騙的投資人都是大人物，包括新聞集團的梅鐸(Rupert Murdoch)、退休的國務卿、國防大臣、教育部長的家族、著名的風險投資者及將軍等。

作者說，在霍姆斯經營Theranos的十多年時間，她每次融資時，都有一個財務預測。可是半年後、一年後再去見投資者的時候，有時候是同樣的投資者，大家也很少問她，你上回的業績預測達到了嗎？為甚麼沒有達到？這是創業投資界的一個通病，大家無限誇大未來可能的業績，但是並不需要對自己的預測負責。這在某種程度上也縱容了創業者們誇大其實。絕大多數創業企業的財務狀況是不需要經過獨立審計師審計的，其實即使需要經過審計，審計事務所對於未上市公司也一般更加網開一面。

即使在美國上市公司，財務欺詐也是相當普遍的。在本書中，我講到通用電氣(GE)的故事。大家可以看一看，對照這篇文章。

Theranos自從這家公司2018年倒閉以來，美國司法機關一直在尋求對公司和創辦人的起訴，她已經幾次出庭。到現在，這件事情尚未結案。她的支持者們說，創新、創業是社會進步的動力；對於新公司和小公司的適度寬容是對社會有好處的。而且在創業界，誇大其詞非常普遍。為甚麼非要制裁她不可呢？就因為她是女性嗎？Uber公司不是照樣爆出很多欺詐的事情嗎？可是誰也沒有受到起訴。美國次貸危機爆發以後，沒有任何一個銀行家或者監管者受到司法制裁。

她在法庭上的自辯是：「很多壞事都不是她自己幹的，都是員工幹的，而且她本人也並不知情。」

洋騙子不亞於本土的騙子。

中華大地，各種騙子多如牛毛(從宗教騙子，學術騙子和商業騙子)。這是世人皆知的事實。不過，國人大多認為歐美的騙子很少。這可是大錯特錯 。

近幾十年，中國人在歐美做貿易，投資，旅行和讀書，受騙上當的案例也數不勝數。由於面子問題，我們國人喜歡打掉牙往肚裡吞。況且，虧掉的也不是自己的錢。 你看看，最近十年我們國企在海外礦業和大宗商品行業巨虧這件事情，除了運氣不好，內鬼做怪，水準太差，不勤奮等因素以外，還有一個大大的原因就是洋騙子太多。但是，中國人很少訴諸法庭。

但是騙子也被騙子騙。彭博(Bloomberg)發表了一篇調查報告，講一位英美資本市場的奇才如何被歐美的騙子弄到身無分文(*How the Flash Crash Trader's $50 Million Fortune Vanished*, by Liam Vaughan, 10 Feb. 2017)。

你還記得2010年5月6日全球股市差一點崩盤嗎？道瓊斯指數在幾分鐘之內跌了1,000點。驚險啊！原因是一個神奇的印度裔英國交易員 Nav Sarao的鬼怪之手。他多年來通過巧妙的操作(比如，同時下巨額的買單和賣單，而在所下的單子尚未執行之前又取消，等等)翻雲覆雨，從中獲利。這位老兄實際上是個體戶，但身價不菲。

2011年，英國當局以擾亂市場之名拘捕了此君，他需要保釋金500萬英鎊。這時，此君才發現，他的財富都早已化為廢水。他多年投資的私募股權投資(PE)項目，地產，農業，新能源和理財計劃全都是騙局！

難道他的夥伴和周圍的人都是騙子嗎？是的！不敢相信吧？甚麼總部在倫敦市中心 Mayfair的諮詢公司，甚麼瑞士的私人銀行，甚麼望族的後裔，還有那低風險高回報的專案，全部是謊言！

此君不僅一貧如洗，還要坐一百多年的監禁。你不能不拿他跟美國的馬多夫(Bernard Madoff)做比較。騙子之多，幫兇之眾，不怕你不感歎！

假話不叫「假話」，叫「另類事實」，(Alternative Facts)。 美國總統的新聞發言人發明瞭這個詞語。現在它很走紅。

美國矽谷的創業公司早就把做假帳和吹大牛(統稱：欺詐)變成了一門藝術。也就是說，早已變成了文化和血液的一部分。請看美國財富雜誌*Fortune*的詳細報導(*The Ugly Unethical Underside of Silicon*

Valley, by Erin Griffith, 28 Dec. 2016）。

在矽谷，欺詐的人們即使被揭露出來了，也不覺得臉紅，還堂而皇之地狡辯。同時，他們的風險投資（VC）、私募股權（PE）投資者、顧問、投行和政客們也竭盡全力一唱一和。在利益的驅使下，做假帳和吹牛早就是一個生態。2001年，我在香港法庭上跟做假賬的格林柯爾博鬥的那半年，也曾收到幾個朋友的遊説電話説「這家公司真的沒有問題！」

有錢能使鬼推磨 。

迪士尼前主帥的心胸及手腕

The Ride of a Lifetime: Lessons Learned from 15 Years as CEO of the Walt Disney Company
作者：Robert Iger
出版：Random House
（圖片來源：Amazon）

這本書是迪士尼執行董事長艾格（Robert Iger）的回憶錄，他於2020年卸任迪士尼行政總裁。他描述了自己從舞台後勤一直到小部門經理，然後管電視台、製片廠以及迪士尼全公司的過程。我本來以為會很枯燥，因為作者難免自我吹噓和慶賀，但是，我發現故事情節非常有趣，而且作者很坦蕩。

此書的一個強項是描寫辦公室政治以及他自己如何在娛樂界得心應手、如何成為自己前老闆的老闆，如何管理創作者、製片人、導演以及主播們。

迪士尼創辦人的侄子也在董事會，但他一直覺得自己沒有受到尊重。後來憤而辭職，並且通過媒體和法庭跟公司對抗，如何處理這樣棘手的問題？作者發現，其實只要對人表示一點尊重，就可以冰釋前嫌。作者對自己如何過五關斬六將獲得行政總裁帥印的整個過程的描述也非常有趣。在美國的企業界，這種毛遂自薦，並且通過總統競選一樣的遊說獲得職位，還是很有趣的。這一套在中國可能行不通。誰知道呢，也許行得通，只是比較罕見而已。其實，80年代中國的企業聯產承包制，以及很多廠長主動與政府簽訂責任書，有點相似。

迪士尼與蘋果公司創辦人喬布斯（Steve Jobs）的Pixar以前本來有一個合資企業，但是關係鬧僵以後，兩邊互不來往。作者擔任行政總裁之後，修補關係，後來甚至收購了Pixar。

我在美國、澳洲以及中港的上市公司都擔任過董事，我發現，美國、澳洲的上市公司工作流程和對管理層的控制，確實遠遠大於中港上市公司，原因之一可能是它們的公司沒有一股獨大。我們常人在公司裡經常受這種那種氣，其實董事長也是要受氣的。這是書中一個小結論。

艾格的上一任CEO 艾斯納（Michael Eisner）是一個非常優秀的管理者，但是有一個事情，作者是不贊同的，那就是，艾斯納過分悲觀，而且經常把悲觀的情緒流露給周圍的人，這對於士氣是很不利的。

艾斯納由於長期沒有第二把交椅，公司巨大，業務繁雜，所以公司的戰略規劃部就慢慢擴充，事實上成了二把手，對下屬各企業控制非常緊，事無巨細。這樣，總公司與各子公司關係很緊張。艾格上任以後，立刻削減總公司職能部門的權利，特別是把戰略規劃部幾乎取消，這也就充分調動了各業務單元的主觀能動性。

高峰期，這個戰略規劃部有65人，全部都是MBA學位出身，他們把下屬企業每一個決策都放在非常數學模式裡面，分析來，分析去，雖然這很重要，但是經常貽誤戰機，打擊士氣。

艾斯納與喬布斯的關係鬧得很僵，艾格上任後的第一件事就是主動找喬布斯，並且謙虛地表示合作，願意把迪士尼的電影放在喬布斯當時新推出的iPod上。

作者說，個人或者企業管理者在做決策的時候，當然不可以過度分析，猶豫不決。但是太多人只憑感覺。從A到B，這個連結究竟是甚麼？過程會如何實現？需要哪些先決條件，人們思考的不夠。作者講了很多例子，他強調，一定要把這個連結想通，不能一拍腦袋就做了決定。

跟Dell創辦人戴爾（Michael Dell）一樣，作者強調管理者的心理素質。像迪士尼這樣業務繁雜，在全世界幾十個國家都有業務的公司，他早上眼睛一睜就發現公司有10件好事、9件壞事、5件急事。所以心裡平衡非常重要，他必須把不同的事情放在不同的頻道上，只有這樣才能從容處理。

艾格擔任CEO之後，立刻著手三個重要的動漫和製片廠的併購：Pixar，並且讓喬布斯成為迪士尼的單一最大股東、漫威（Marvel）和盧卡斯影業（Lucasfilm）。從品牌建設和財務上看，這三項併購都是非常成功的。

作者在處人方面展現了巨大的靈活性和決斷能力。有些書評說，作者擅長於自恃很高、脾氣暴躁的一群創作者和藝術家之中周旋，彭博（Bloomberg）的書評用了這兩個字形容這些創作者：「Prima Donnas and Egomaniacs」（大牌及自大狂）。這三項併購從根本上改變了迪士尼的軌跡。迪士尼曾經想收購推特（Twitter），兩邊的董事會也都批了，但是作者突然感覺不對勁兒，「I had cold feet」（臨陣畏縮），管理推特可不容易，而且品牌管理也難，所以他選擇了放棄。後來迪士尼還收購了梅鐸（Rupert Murdoch）手下的21世紀製片廠公司以及藝術品公司Searchlight，但是並沒有收購他的霍士新聞（Fox News）電視台。

作者反復強調，科技在變化，消費者習慣在變化。所以把好的內容（影視、音樂等）用更加便宜、更加創新的方法推送給消費者，也就是直接面對消費者，是必然趨勢。與其被別人顛覆，還不如自己顛覆自己。

戴爾——世上最大的初創企業

Play Nice But Win: A CEO's Journey from Founder to Leader
作　者：James Kaplan, Michael S. Dell.
出版：Portfolio
（圖片來源：Amazon）

1981年暑假的時候，中學生戴爾（Michael Dell）在德克薩斯州奧斯丁幫當地的報紙增加訂戶數，賺了18,000美元。這是一個很大的數字。他的老師上課時教學生們如何填報稅表，他填了18,000美元，老師當著同學的面說：戴爾填錯了數字。他反駁：我沒填錯，這就是我的報稅單。老師嚇一跳：你一個暑假賺的比我一年賺的還多！？

讀中學的時候，他老是躲在最後一排，偷偷的研究電腦雜誌和報紙。老師向他的父親抱怨，他的父親說，你給他一個測驗，他考得不好，你再來找我。結果他考得很好，老師也沒辦法。

這本書詳細講戴爾把上市公司私有化和與私募股權基金合作，再創輝煌的過程。中間穿插了他讀中學和大學的時候怎樣賺錢，幫人家改裝電腦、修電腦、倒賣電腦（同城、異地）！還有增加報紙的訂閱數。

當他正在計劃把公司私有化的時候，他的媽媽得了癌症，而且他的四個孩子中的一個上了特殊學校，身體有問題。他說很多人會講堅毅不拔，但是他的強項是把不同的事情放在不同的「房間裡」、隔絕開來，工作是工作，家庭是家庭，在工作上，他管理著11萬員工；家庭的事情，他也很上心，每星期去30英里外看他媽媽。他用了一個詞叫「Compartmentalising」，就是把不同的事情歸為不同的頻道，或者放在不同的房間裡。

要講曲折驚險的程度，這本書不如單偉建的*Money Games*收購韓國第一銀行的故事。但是戴爾的書也有很多好笑的地方，他畢竟是一個書呆子氣很重的商人，他的語言很風趣。

讀大學的時候，戴爾甚至經常參加州政府電腦產品的招標，還贏了很多小投標。有人告訴他的父母親，你的兒子很能幹，生意做的真大，他父母親氣壞了。

他父母親來大學宿舍看他之前，他趕緊把電腦及部件都轉移到同學的房間，然後父母進來了以後說：「哎，怎麼一本書都沒有呢？」他趕緊編謊言：我的書放在圖書館了。我一般是在圖書館看書的。

終於有一次，他父母親又到學校來並斷個正著，苦苦哀求他不要再賣電腦了，好好讀書，走光明之路。他母親甚至把3,000年的猶太人受罪的感覺表達了出來，讓他愧疚難當，三人大哭，他答應父母不再賣電腦了，專心讀書。可是他馬上又感到放棄電腦生意之痛苦。

他從小就聘請同學們幫忙，跟同學分一點零花錢，大家都開心。上大學的時候，很多同學都是他的兼職員工。

《鞋狗》(*Shoe Dog*)的作者Phil Knight是Nike的創辦人。他在20年前做生意的時候，天天遇到庫存產品佔壓資金的問題。戴爾在書中也反復講了這個問題。

把公司私有化的過程漫長，程序繁瑣，也有很多曲折，先是消息洩露，報紙、電台鋪天蓋地報道。後來，起初的兩個競標者KKR和東南資產管理公司退出，而且東南資產管理公司還發表公開聲明說，戴爾與銀湖投資(Silver Lake)聯合出的私有化的價格太低，最後新的競爭者加入，那就是投資者伊坎(Carl Icahn)和黑石，黑石很快退出，但前者純屬攪局者，想保留公司上市地位，但是要求巨大的特別分紅。

被稱為「禿鷲投資者」(Vulture Capitalist)的伊坎(Carl Icahn)買了一些戴爾的股票，不斷在媒體放風，要接管這個公司。可是事實上他只是想嚇唬戴爾，讓他多付錢。

戴爾只持有Dell 15.7%的股份，後來他跟銀湖投資一起把公司

私有化了。這個時機是完好的：公司已經投資了幾百億美元轉型，從PC電腦的生產轉到服務和軟件。但是效果還沒有來得及顯現出來。另外，PC電腦本身已經在走下坡，所以股價低迷，私有化的價格是8倍市盈率，但除掉公司賬上的50億美元淨現金，私有化的價格相當於市盈率六倍而已。

書中有大量的故事，用大白話講他如何管理企業、如何談戀愛、如何跟競爭者打交道、如何買房。例如戴爾主動找到同是猶太人的伊坎，去他家吃飯，挑戰他對公司究竟有甚麼改良計劃，當面戳穿了他的謊言。前前後後他們還在媒體互罵。

他開車經常超速，有一次終於被警察抓起來了、銬上了手銬，因為他有很多張罰單還沒有付。他經常在辦公室過夜，有一次在辦公室裡發現有一隻蠍子，他把一個茶杯放在蠍子上面壓著。後來，他完全忘記了這件事情，去了亞洲出差，回來發現杯子還是壓著蠍子，而蠍子竟然還活著。

80年代戴爾首創了直銷模式。客戶下單買貨時先用信用卡付錢，然後，戴爾才去採購、改裝。這種定制模式實在無敵，所以它沒有應收賬款問題，也沒有額外的庫存問題。倉庫裡只有少數的零配件，這在當時是他成功的主要原因之一。他在書中寫道"Credit card sales, paying suppliers on terms, stripping parts inventory to the bone: all these things kept our cash conversion cycle — the time it takes for cash to be converted into inventory and accounts payable, through sales and accounts receivable, and then back into cash — far lower than most other companies. This was very good."

公司早期的總裁辭職的時候說，在戴爾擔任行政總裁不是一個朝九晚五的工作，而是一個朝五晚九的工作。他累壞了。他說"Being president of Dell Computer had been a five-to-nine job"

戴爾有四個孩子，各有各的好事兒、各有各的問題。但是作為父母親，他套用一句陳腔濫調：「你的幸福感跟你最不開心的孩子是一樣的」(You' re only as happy as your least happy child.)。

關於如何評估企業，特別是科技企業，這本書是一個很好的教材。至於如何跟禿鷲資本家打交道，如何在資本市場上運行，這本書比*King of Capital*還好。

整個私有化的邏輯就是：公司在轉型的過程中會需要很多投資，

也會經歷利潤下滑。資本市場不給它合理的估值，也沒有這樣的耐心，所以銀湖投資和戴爾把公司私有化。整個過程，特別是成為「世界上最大的初創企業」之後，這個轉型還是相當成功的。

請原諒我再發一次感歎：中國人寫的書框架大，實用性太少。而英文的好書就是不同。

安然造假的陰謀

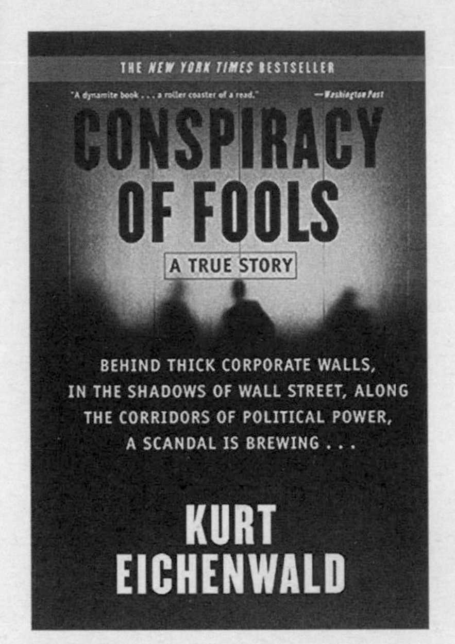

Conspiracy of Fools: A True Story
作者：Kurt Eichenwald
出版：Broadway
（圖片來源：Amazon）

此書講述美國能源巨頭安然（Enron）九十年代的瘋狂擴張、做假賬及最終的倒閉。書中描述公司內外幾十人的嘴臉太生動了。

Enron 原本是一個枯燥的燃氣管道公司，主要做批發市場。麥肯錫的高級顧問斯基林（Jeff Skilling）加盟擔任首席運營官之後，公司不斷開拓新業務，甚麼時髦就追甚麼：燃氣和電力的批發業務、零售業務、歐洲水務、印度發電廠、拉美公用事業、海底電纜及寬頻等。

它不斷併購和融資，給投資銀行帶來了豐厚的生意。公司財政總監經常以此威逼投資銀行裁掉寫負面報告的分析師，並為它做一些違法、出格的融資及投資。當年，安達信（Arthur Andersen）既是審計師，又為安然提供諮詢，獲利甚豐。

在會計報表上，安然不斷「創新」，並向審計師施壓，有時還直接欺騙審計師。為了報出好業績，它還創造了一系列的表外企業，隱藏企業的不良資產，並用高價承接公司的爛資產。有些普通合夥人（GP）、有限合夥人（LP）基金形式的地方融資平台並不符合標準。這裡面技巧和違法的過程相當複雜；衍生產品的利用也極其大膽。

除了一系列非法活動之外，導致安然倒台的真正原因（和導火線）是長期以來，它用高負債做了一系列虧錢的投資，流動性太緊，終於崩盤。董事會成員全是知名的能人，並無壞意，也勤奮，但是擋不住財政總監費斯托（Andrew Fastow）偷偷地上下其手，究竟錯在哪裡？

1. 董事們太宏觀，也太迷信董事長兼行政總裁Ken Lay的領袖風采，而又不問細節。行政總裁也太超脱、斯基林也很超脱，又太強調增長、增長！這些人的共同錯誤是容忍財政總監兼任表外公司的主管，吃裡扒外、膽大包天。千里之堤，潰於蟻穴。
2. 賺錢不易，持續地賺大錢更不易。安然當年的許多項目、投資都是失敗的。很多專案通過市場標價（Mark to the Market），或者賣給自己的GP或LP地方融資平台，實現了會計上的虛假利潤，但是現金流很差，而且隱含了擔保、回購，命懸一線。過去十年，中國企業做了很多類似的投資。

我很感歎的一件事，是近朱者赤，近墨者黑。大家在一起工作，不管是內資、外資、大企業、小企業，你的同事想做一件壞事，乍看一下也許並不太出格，你不假思索，表示了認同、容忍、甚至跟進，有時獲利不錯。但是它就是邁向監獄的第一步，也是千里大堤上的一個螞蟻窩，此書講了諸多例子。我回頭想了過去三、四十年擺我面前的諸多大大小小的誘惑，掩卷唏嘘。

此書文字美麗，我睡覺之前必然細讀一會兒，享受它。我曾給作者寫了一個電郵：我本想跳過諸多細節，但是我失敗了。我只好回過頭來，重讀那跳過去的內容。

在內地，審計師、PE投資者、券商與公司高管串通一氣做假賬，欺騙監管當局和後來的投資者，這是一個相當普遍的現象。這本書至少讓我們看一看美國的遊戲是怎樣玩的。安然倒閉之後，審計師安達信關門；董事長、行政總裁和財政總監均坐監；幾萬員工失業，大量員工還因為持有公司的股票而家破人亡。

談內地地產交易平台

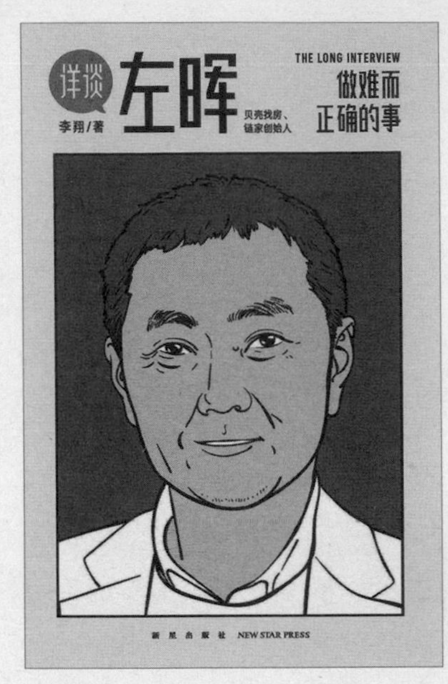

《詳談：左暉．做難而正確的事》
作者：李翔
出版：新星出版社
(圖片來源：豆瓣讀書)

朋友送來的這本書，我沒想到這麼有趣。它給我們股票分析師帶來了不小的壓力。左暉是內地最大物業中介平台貝殼找房創辦人，於2021年5月因病逝世，享年50歲。這本2020年出版的書，內容是兩個長長的訪談。作者做了很多功課，對行業和貝殼、鏈家都很瞭解，所以問題直截了當，水準一流，不吹捧。左暉回答問題不繞圈子。從訪談來看，他是一個相當輕鬆的人，不給自己添不必要的負擔和焦慮，不擺架子。

我歸納一下幾點收穫，沒有特別的順序。他說，讀書並沒有那麼重要，要學知識，但是實踐中的學習更重要。

左說，房地產經紀人之所以沒有感受到人們的尊重，主要是因為這個行業做得太差，也許還不配被人尊重。所以他的理想是改變這種狀況。把事情做好了，才配人家的尊重。說起企業文化，他很贊同龍湖的吳亞軍的說法，不要把企業當你的家，它不是。企業是有規矩的，家是無原則的。

我想起很多官員成天的「管卡壓貪」(管制、卡關、打壓及貪腐)。

他自己不會有自尊，因此他也不配別人尊重。

左說，我們做的事情必須給自己帶來愉悦感。而且是持續的愉悦感。比如，我讀這本書和寫這個書評就有愉悦感。

選擇大於努力，選擇甚麼行業呢？左暉說不能選已經過了山頂，正往下走的行業，比如現在的房地產行業、化工、原材料、多數製造業。

很多人講企業文化、品牌形象，可是他們忘記了最重要的是內部管理，如果你的員工之間相互競爭，氣氛有毒，辦公室政治滿天飛，談甚麼企業文化、品牌形象呢？

關於IPO，左說多融點錢，少融點錢真的很重要嗎？

貝殼生態系統的服務質素遠不如鏈家。鏈家在前面帶動著整個行業，包括貝殼。

互聯網的房地產經紀行業之所以不成功是因為他們的線下能力不夠，也就是基礎能力不足。你要有管理十萬人，幾十萬人的能力。

房地產買賣是一個消費頻率低、購買決策長的「低頻率消費」，可是我們中國人把它變成了高消費頻率的事。我們應該站在客戶的角度，不要慫恿大家買了賣，賣了再買。

另一個本來低調的行業是證券，可是也被我們做成了高調。證券業者應該勸大家少買少賣，減少頻率。可這是革自己的命。很多人做不到。

我問了香港地產經紀。他說香港跟內地一樣，太多假房源。這就讓顧客不信任。

跟亞馬遜的貝佐斯(Jeff Bezos)說的是一樣的，做生意不要花太多時間研究競爭者。要盯住你的客戶。究竟你在業內第一，還是第二，並不重要。這由此讓我想起了美國西南航空公司老闆的一句話：「我們的主要生意不是從競爭者那裡搶到的，而是我們新開闢的。我們把機票價格降到地板上，就把以前根本飛不起的那些人變成了客戶。我們把蛋糕做大了，把分母變大了。」

內地的房地產經紀行業巨大。所以創業要去巨大的行業。而整個行業的服務質素又特別的低，只要做得稍微好一點，你就是贏家了。

左說，目前在租房和裝修市場上，貝殼和鏈家還有很大的潛力。

左特別強調，作為一個管理者，你把企業從0做到1不難，但是從1做到10太難了。你需要抽象、理論抽象和畫面想像的能力，如何

把業務放大？如何在放大時保持效率、控制品質呢？這是創業者最重要的一個素質。

劉強東（京東集團創辦人）還能夠去踩三輪車，跟送貨小哥們喝酒，但是左暉不行，他坐在經紀人的桌子上，毫無趣味，不知所措。他是一個戰略家和管理者。

不要招聘已經被壞企業文化污染了的員工，自己重新培養。公司上下十萬人，20萬人必須有一個共同的行為標準。不要搞假房源，不要為難客戶；同事之間要合作；避免個人英雄主義；每個人都把自己當成螺絲釘。海底撈的市場蛋糕絕對不如房地產經紀。

左說，整個行業都知道應該有一個房源字典和海量的資料，可是這需要巨大的投入，長期的投入。別人不願意幹，他願意幹。這是正確的事，困難的事。

這本書從頭到尾沒有講「在xxx的關懷下；感恩甚麼人；遠大理想」之類的話，所以很適合我張的口味。此書跟華住酒店的季琦的書、360的周紅禕的書，劉強東的書齊名，雖然這是一本很薄的書。

當然整個中文財經書籍裡面第一名還是易到用車的創辦人周航的書《重新理解創業》。這幾本書我都寫過書評。

如果一定要找兩個缺點的話，李翔還應該有一章對貝殼的前途、商業模式以及估值做一點分析。另外，從環保的角度，如果這本書的字再小一點，空格少一點，書再薄一點，就更好了。

華住酒店王國的美好時光

《創始人手記：一個企業家的思想、工作與生活》
作者：季琦
出版：浦睿文化·湖南人民出版社
（圖片來源：豆瓣讀書）

我的偶像不少，內地旅遊網攜程創辦人之一季琦算一個，而且他排在很前。這本書的副標題是「一個企業家的思想、工作和生活」。它確實分為三大板塊，不過我只喜歡他談工作的那個板塊，在書的中間，佔整本書三分之二的版面。他談生命的真諦，藝術，願景之類，我只是翻了一翻而已，因為我知道，反正我也讀不懂。

他創辦（和聯合創辦）了攜程網，如家酒店和漢庭都很成功。他家境貧寒，1965年出生在農村，到了上海上大學，「每天飯也吃不飽，晚上還要去自修，覺得自己是個行屍走肉」，心情不免灰暗，懷疑人生的意義。這些我都非常熟悉。但他經商的創意卻是罕見的，讓人仰望的。

他和創業伙伴們把互聯網思維引入了非常傳統的兩個行業：旅行社和酒店，並且迫使同行們一起，提高了這兩個行業的整體水平。

他說，「作為一個IT人，來到酒店行業，第一感覺就是：我們IT人來打破常規的空間實在是太大了」，「傳統的酒店行業充斥著虛榮，充斥著官僚主義。在我看來，IT行業沒有這些。IT行業，從外表上看，就是T恤衫，短平頭。誰有本事誰上，你搞不定我來」。

我一直誤以為，酒店行業是雞肋，但是季琦的經歷和書告訴人們，這是一個大有可為的行業，他做酒店「生逢其時」，只是需要管理者的野心，和精細化管理。我住過他的酒店，乾淨、簡樸，並且便宜。

相反，很多五星級酒店在管理方面很落後。比如，我住浦東的凱賓斯基酒店時，晚上11點鐘我去前台辦理入住，竟然等了半個多小時，原因是只有一個服務員，我排在第六位。我在很累很睏的情況下，去跟大堂副經理抱怨，十分鐘之後才增加人手。又如，香港的東方文華酒店竟然收取Wi-Fi費用，這讓我很不愉快。另外還有不少五星級酒店，在大理石，水晶燈和其他鋪張浪費的同時，不肯動腦筋做最簡單的事，比如把廁所保持得乾淨一些，退房時更快一些。很多過分的服務其實讓人不舒服，比如跟客人聊天。季琦反問，如果我正好悲傷，希望一個人再悲傷一會兒，你為何打擾我呢？

書中，季琦詳細地解釋他對這些問題的看法，以及應對措施。他還大談如何節約採購瓶裝水的價格、酒店的選址，房間的大小設計，為甚麼不安裝浴盆，如何在幾萬人的公司裡只管22個最高層，如何「給他們充分的陽光雨露」等等，都很有趣。這本書既是創業指南，又是勵志精典。我讀時，還享受了他的智慧之光。

批評：此書出版社湖南人民出版社過度包裝，既不環保，又有違季琦的簡約風格。我買書之後的第一件事就是把書的兩層外包裝扔掉。

創業的中場檢討

《重新理解創業：一個創業者的途中思考》
作者：周航
出版：中信出版集團
（圖片來源：豆瓣讀書）

霸菱PE公司的師少傑先生送給我這本書，我兩天就讀完了。作者周航是叫車平台「易到用車」的創辦人，在此之前曾幾次創業，現在他是一個投資者。全書都是通過他的個人經歷來談他對創業過程各個環節的思考。很適合創業者，投資者和分析師閱讀。易讀，有趣，容易喚起共鳴和開心一笑。三個序言的作者（雷軍，李開複和徐小平）也寫得很真誠，絕非應景之作。

我的讀書筆記如下。

前言：我（作者周航）創辦的易到用車最後被迫賣給了樂視。失敗對我是個很大的打擊。但是學習失敗是為了坦然面對失敗，解決失敗，放下失敗。矽谷的人說，失敗是光榮的。

第一章：戰略不是概念，不是「引領消費升級」之類的口號，而是要解決一個真實的需求。這個需求有三個標準：「強烈，普遍和頻繁」。不是可有可無的需求，小眾的或偶爾的。你要徹底放棄戰略規劃。戰略必須簡單至極，聚焦，常人也能實施。

第二章：競爭。先行者不要小看後來者、不要俯看任何人、不要老說別人的弱點，有時候競爭可能來自你完全想不到的地方，KPI（關鍵績效指標）的個數越少越好。

第三章：品牌。不要跟消費者吹牛或講空話。一定要講人話，大白話：「現在叫車，5分鐘到，僅需38元」。別談願景，和虛無縹緲的東西。

第四章：流量價值＝使用者數 x 時長 x 交易系數。有些流量有用，有些無用。千萬不要為了增加一點廣告收入而惹怒你的流量。例如，叫車軟件就不宜有廣告、美圖流量難變現。

- 奢侈品的購買屬於消費頻率低、購買決策期長的低頻消費，所以便宜的流量也很貴，因為轉化率太低。
- 只有大眾的，消費頻率高的和低價的產品才值得買流量。
- 減價永遠是互聯網行業的最佳利器。
- 宜家為甚麼賣一元的霜淇淋？這是低頻消費場景的吸客技巧。
- 在後流量時代，口碑變得更加重要，線下門店也開始值得關注。

第五章：融資越多越好。千萬不要說，「我現在不需要那麼多錢」。胡說！坦白一點，你的小算盤其實是怕攤薄或者認為估值太低。別犯傻。即使你擁有公司股份的90%，如果公司做不大，有甚麼用？估值1,000億，可是融不到幾粒花生，有甚麼用？別讓估值把你憋死了。多多地融資，小心翼翼地花。有困難，出聲，尋求幫助，別死撐著。

第六章：領導力是你對別人的激勵有多大。誰也學不了馬雲或者馬化騰，走自己的路吧！神最有領導力，因為他博愛。你的領導力取決於你愛的邊界。

第七章：創業者別把自己太當回事，要示弱，多責怪自己。

第八章：創業時當然是招聘身邊的人，志趣相投的伙伴，和對自己有信心的員工。你現在甚麼也沒有，憑甚麼要人跟你跑？招聘是團隊所有人的共同任務。新人和老人的矛盾可以通過一直透明的招聘方式來避免。

第九章：不論你的戰略多麼宏偉，一定要找一個小小的切入口。丁點兒大的創業公司不要奢談商業模式，解決實在的問題並且高速增長才是關鍵。如果業務發展速度太慢，你的戰略一定有問題。團隊可能會產生離心力。增速至關重要。

第十章：低谷十分正常，要抓緊融資，千萬不要為了保存現金而把本來就需要做的事情停下來，不能偏安一隅，忘記了初心。在互聯網行業，一定要做大眾化的產品，不要做小眾的產品，小眾的地方沒有前途。

第十一章：突破瓶頸。找一個最薄弱的地方和容易上量的環節突破，不要追求產品的全面或者完美。你如果同時追求供給方、需求方、連接及支付等等，你的IT團隊會無力應付，最後你失去了時機，浪費了金錢。

第十二章：看清消費者的真實需求並且引領它。內地信息平台《今日頭條》為甚麼成功？消費者並非真的需要知道那麼多的天下大事，而且新浪新聞或者網易新聞早就可以滿足讀者對新聞的需求了。所以《今日頭條》存在和迅速增長的真實原因是：大家需要打發無聊的時間！

現在，吃喝玩樂，衣食住行好像沒甚麼痛點了，因為需求都滿足得差不多了。但是你錯了，你如果看到需求的本質，你就會發現很多商機，甚至喚醒新的需求。

創業在高速成長前的前提

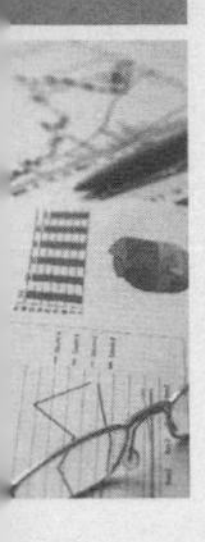

Masters of Scale: Surprising Truths from the World's Most Successful Entrepreneurs
作者：Reid Hoffman, June Cohen, Deron Triff
出版：Currency
（圖片來源：Amazon）

這本書的作者是身經百戰、碩果累累的企業家和投資者，霍夫曼（Reid Hoffman）曾經是Paypal的高層和LinkedIn 的聯合創辦人。亦可以說是作者對自己的*Blitzscaling : The Lightning-Fast Path to Building Massively Valuable Companies*那本書的修正，它著重談創業企業必須高速成長，以及如何高速成長。歸納起來說，如果一個創業企業不能高速成長，那就不值得做，創業的成功就取決於高速成長。

至於這本書講，高速成長要具備很多條件。首先，產品要打磨得像個樣子，要非常清楚自己的戰略。更重要的是，必須有好的團隊。早期的一百個甚至幾百個員工，你都必須親自面試、挑選。千萬不要認為這太繁瑣。

打造企業文化是需要時間和耐心的。表面上看起來，這些基礎工作與高速成長相矛盾。可是，只有在十分牢固的基礎上，你才能建造高樓大廈。他說，早期的基礎工作包括打造「鐵粉」，一百個鐵粉好過一千個馬馬虎虎的用戶，因為馬馬虎虎的用戶隨時都可能撤退。

書中有兩個內容，我特別欣賞：

1. 當你問客戶或者潛在客戶和親友如何看待你的創業主意以及產品的時候，他們的回答經常是誤導的，有時候連獨立機構的調查也同樣誤導。為甚麼？首先，他們並沒有認真考慮，其次，他們也許有顧慮，還有，當他們尚未使用一個產品的時候，連他們自己都不知道自己是否需要這個產品或者喜歡這個產品。所以，創業者要多一點懷疑心，要看客戶和潛在客戶究竟如何對待你的產品，而不是依賴他們的嘴巴。又比如，你問市民們，「我們需要蓋一個歌劇院嗎？」每個人都會說，「需要」。可是有幾個人實際上去過歌劇院呢？
2. 關於產品加價。很多人在創業的時候，為了吸引客戶，產品價格定得過低，或者優惠太多。這是不可持續的。當產品被市場接受了的時候，加價是必然的，也是必要的。

比如Netflix的訂閱費，就加了好幾次。客戶可能咕咕噥噥，但是最終也是接受的，很少有人因為加價而真正退訂；Paypal也遇到過同樣的事情。在客戶行銷方面，它起初給的優惠，後來實際上就撤銷了；亞馬遜的Prime會籍也加過幾次價，交友網站Bumble加過價。加價與優秀的客戶服務是不矛盾的。

中國人講的苦口婆心，和與員工的親密關係，在一個創業企業也是特別重要的，特別是在早期，當然在公司長大了之後，高層親民有難度。但也應該想辦法與基層員工保持溝通。可以是電話留言、可以是群發的電郵，也可以是視訊會議，總之，管理層怎麼想的，千萬要用非常誠懇的態度傳遞到基層，讓大家勁兒往一處使。

創業靠的是技巧，而不是科學，別人的經驗教訓不一定適合你，所以這本書強調，不搞教條主義、要靈活，每個人以前學到的東西，都要願意拋棄，重新學習。書中有一章談創業企業何時推出自己的產品和戰略：不能等到一切完好的時候，再推出去，因為對於創業來講，最寶貴的是時間。有人說，你不是說要打磨產品嗎？是的，產品永遠要更新反覆運算、要改善，但是贏得時間和實際用戶的即時回饋更重要。

顯然，你不可以推出一個產品，傷了客戶；或者導致災難性的回饋，但是猶豫太久，會耽誤機會。書中介紹了一個有趣的概念，叫

MVP（Minimum Viable Product），也就是說，當你的產品過得去的時候你就趕緊推出來，讓客戶體驗、回饋，你趕緊修改。

書中講了作者的工作經驗和教訓，也談了星巴克（Starbucks）的文化建設以及蘋果的產品行銷。此書關於創業的例子非常多。有些地方顯得囉嗦和無關聯，關於文化建設和公益，講得特別囉嗦。好在此書語言精煉，易讀。

創業中遇到九曲十八彎，很正常，戰略要調整，產品要敢於拋棄。作者說，如果一個產品完全是失敗的，那麼大家還比較容易拋棄，就怕一個溫吞吞的產品，不好也不壞，結果你患得患失，浪費很多時間之後才痛下決心。記住：食之無味，棄之可惜，這是創業者要十分關注的問題。當你發現自己的產品或者戰略是錯誤的時候，一定不要死摳；要調轉槍口，節約時間和資源，英語叫Pivot（轉向）。

高增長決定一切

Finding the Next Starbucks: How to Identify and Invest in the Hot Stocks of Tomorrow
作者：Michael Moe
出版：Portfolio
（圖片來源：Amazon）

我曾對自己的投資組合進行了評估，不免額頭冒汗：怎麼有這麼多不健全的公司的股票呢？

我不禁從書架上取出十多年前出版的這本英文書。我早就讀過，但是顯然沒有仿效。我很快又讀了一遍。此書評算是敦促自己：寧可死在高增長的泡沫中，也不要死在日薄西山的老企業的溫柔鄉！

此書講的道理再也簡單不過了。創新企業一般都意味著高速增長，而複合增長是很可怕的一個東西：一不小心，它就讓你致富。作者分析了美國大量的高增長的企業的竅門。雖然不能一概而論，但是它們大都在科技，消費品，醫藥和互聯網行業。而且，它們往往是輕資產型，因此低負債型企業。

作者也承認，創新企業當然意味著高風險，但是高回報率足以覆蓋高風險。另外，有高增長率的公司一般都很貴，但是過幾年就會顯得超級便宜，所以它們的股價還會更貴。

如果你發現你投錯了，怎麼辦？不要戀戰。天下高增長的公司不

少。這一點也跟巴菲特的立場吻合。巴菲特說，如果你發現你的船老是漏水，與其修修補補，不如換船。(Should you find yourself in a chronically leaking boat, the energy devoted to changing vessels is likely to be more productive than patching leaks.)

看來，投資創新企業和高增長的企業，首先是個態度問題。

企業戰略不是喊口號、訂目標

Good Strategy / Bad Strategy: The difference and why it matters
作者：Richard Rumelt
出版：Profile Books
（圖片來源：Amazon）

這本書在我的書架上躺了五年，最近我終於分三天把它讀完了。非常好，看來我對戰略和企管書的偏見是錯的。

此書有理論，有案例。作者是加州大學洛杉磯分校的管理學教授，實戰經驗豐富。他把理論穿插在故事中，容易理解。

他多次強調，戰略不是喊口號、訂目標、下任務，和企業願景之類的空洞之物。做戰略是對企業進行診斷，找到問題的癥結，以及解決方案，然後集中火力去攻破它。戰略也適用於政府部門，軍隊和學校等。

書中案例很多，其中兩個我最喜歡。一是意大利電信公司的併購，二是美國環球電訊（Global Crossing）的瘋狂和破產。

1998年，電訊行業很熱門。意大利電信公司的新CEO在投資銀行摩根史丹利的慫恿下，很想與另一個巨無霸、英國的大東電報局（Cable & Wireless）合併。但是，意大利電信公司的控股家族心裡不踏實，也怕被CEO帶錯路，於是請了本書的作者當顧問，跟投行聊聊這個併購的戰略意義。他們的對話很有趣。

教授：「這個併購的邏輯是甚麼？」

投行MD（董事總經理）：「規模經濟」（Economies of Scale）

教授：「但是這兩個電訊公司的市場完全不一樣，一個在意大利和周邊國家，一個在英國，亞洲和拉美，哪裡有甚麼規模經濟可言？」

投行MD：「但是，意大利電信需要大東把電信流量從拉美輸到歐洲，而大東電訊有海底電纜，連接拉美和歐洲。」

教授：「為了傳輸拉美國家的電訊流量，就去做一個五百億美元的併購嗎？為了給花園施肥，難道去收購一個牧場嗎？兩家電訊公司簽一個業務合同，不就行了嗎？」

投行MD：「你不明白。合併的邏輯不光是電訊傳輸，還有「塊頭經濟」（Economies of Mass）的好處。」

教授：「甚麼叫『塊頭經濟』？」

投行MD：「就是公司越大越好做事。塊頭大，合併後的現金流大，就可以做更大的併購。」

教授：「可是現在這兩個公司的現金流分別已經很大，而且派不上好用場。他們的股價之所以疲軟，就是因為資本市場擔心他們無法找到好用場。合併之後的問題不是更大了嗎？」

後來，意大利電信公司的董事會拒絕了這個併購建議，也踢走了那個CEO。

第二個案例是環球電訊的故事。1997年，這個公司成立，鋪設英美海底電纜，為電訊公司的國際語音和資料提供服務。創辦人Gary Winnick融資7.5億美元，鋪了海底電纜，把一部分傳輸能力賣給了電訊公司，收入20億美元，然後還淨落得一個估值300億美元的上市公司。當時股市發瘋了，整個世界也發瘋了，竟然看不到一個明顯的事實：海底電纜其實是一個完全沒有壁壘的生意，充分競爭，而且當時很多公司都在鋪設歐美的海底電纜。不管資料和語音在未來怎麼增長，產能過剩是無法避免的。

當時類似的公司的股價也都漲到了天上，比如，Qwest及WorldCom。當這個行業的股價持續高到常理無法解釋的時候，人們就會發明新的理論來解釋它，比如，不同的估值方法，以及難以量化的未來需求（互聯網的資料或影像需要等）。1998年，雷曼兄弟公司的分析師在一份研究報告中，對未來幾年海底電纜的供求做了十分深入和正確的分析，得出了嚴重過剩的結論。可是這怎麼行呢？那個萬能的，無所不知的股市顯然不同意這樣一個結論。怎辦？於是，分析師們開始不分青紅皂白，用一些含糊和無法精準描述更無法量化的因素支持了股市。

豈止雷曼兄弟公司的分析師？所有的人（本人當時也是分析師）也都幹過類似的事情。

後來發生的事情都是歷史了：這些公司的大股東都沒有在大家沖昏頭腦時套現走人，而是把自己也忽悠進去了。他們負債累累，越陷越深，有的破產，有的坐監。有一點你必須承認，我們華夏的不少企業家還是更明智一些：他們一邊唱好自己的公司，為自己的股票喊冤，一邊減持，內外有別。

海底電纜不是甚麼高科技，更不是Global Crossing的獨有技術。隨著技術進步，鋪設海底電纜的成本迅速下降，產能大漲。這個標準化的產品叫大宗商品（Commodity）在充分競爭時，邊際成本幾乎為零，而產品的定價必須等於邊際成本。而被嚴重誇大的互聯網需要又沒有像人們預料的那樣增長，特別是國際性的流量並沒有那麼快的增長。

02

經濟篇

音樂平台的經濟學

Tarzan Economics: Eight Principles for Pivoting Through Disruption
作者：Will Page
出版：Little, Brown and Company
（圖片來源：Amazon）

多少年來，多少代，音樂界的日子都是肥美的。賣碟、租碟。你只喜歡碟中的一首歌，可是你必須買整隻碟。

九十年代，盜版網站興起，音樂界打官司，死撐了十年，終於江河日下，於是順勢而為。直播模式一發不可收拾。年費9美元成了最低消費，免費給收音機、火車站、飛機場和星巴克播放不再是自殘，而是聰明的行銷。

作者Will Page本來在蘇格蘭政府當經濟師，可是並不安分，他對音樂界如何衝出沼澤地有些好奇和見解。他削尖腦袋，加入了音樂協會，然後跳到Spotify當首席經濟學家。其實這是他為自己創造的一個職位。不過，作為傳統經濟學的叛逆者，他確有獨到見解。

他可不是那種跑研討會的「上上下下的經濟學家」。他對GDP、貨幣供應量全無興趣，喜歡研究如何多賣音樂、增加每月活躍用戶人數、客戶轉化、為甚麼新產品的發佈必須放在星期一上午等。

傳統觀念認為，互聯網公司先燒錢，達到壟斷以後，就會加價，傷害消費者權益。他不贊同。亞馬遜、Facebook、Google在世界上已經是壟斷，但是他們會增加收費嗎？永遠不會，政府和消費者也不允許他們，而且他們已經賺的太肥，也沒有必要。這歸根於經濟學的兩個概念，一是邊際成本為零；二是網絡效應。

規模就是一切。如果你不能把市場和自己的業務量做大，毛利率、淨利潤都是短暫的。科技公司只有做大了，才有資金和興趣大搞科研，這是消費者福利的最高表現。

夜總會為甚麼不收女士的錢？因為只有女士多了，男士才願意來，才會付錢；Adobe為甚麼在我們使用PDF檔案閱讀檔時不收費？可是如果你的企業想用這個軟件來計算、創作，它就要收錢了，所以它收的是單邊的錢，為甚麼它放棄以前的雙邊收費呢？電話公司為甚麼願意收月費或者年費，而放棄以前的雙向收費？

餐館為甚麼不只供應最受歡迎的十道菜，為甚麼要準備幾十道菜，明知有些菜會虧錢？因為有網絡效應，消費者放棄個人私隱所獲得的好處大於私隱喪失所帶來的痛苦，方便就是一切。

英國有個政客一直質疑英國為甚麼只有一個反競爭委員會，兩家不行呢？它們之間也應該競爭啊！中國為甚麼沒有兩個發改委？香港彈丸之地，有4家流動網絡營辦商，可是升降機裡面沒有信號，它們賺不到足夠的錢，都沒有安全感，誰也不願意投資。壟斷才能讓運營商有興趣搞基建、搞科研，這才是消費者的福利。

報界一直在抗拒大趨勢，好記者跳來跳去，可是報館為甚麼不合作呢？銀行的生意不好，難道不應該搞一個公會，在IT、後台、反洗錢等方面合作嗎？

在互聯網行業，描述稅收與稅率之間關係的拉弗曲線（Laffer curve）特別明顯。政府如果要增加總稅收收入，就必須降低稅率，減少逃稅動機、刺激經濟、擴大稅基。

最有意思的是作者講合作社（即壟斷）的重要性。從萊茵河上端（波恩）到下游Bingen只有90英里，十三世紀，河岸有60多個收費站——土豪劣紳設立的收費站。萊茵河上的運輸變得完全停擺了，因為船運公司不堪重負。

這讓我想起內地各行各業的審批、牌照和年檢制度，這都是對消費者福利和效率的摧毀。

林立的報社、獨立的商場、萬千大學都是革命的對象。它們與萊茵河上徵收過路費的惡霸在本質上有甚麼區別嗎？ Spotify削弱了歌星的地位嗎？

音樂是生意，但未必有利可圖。

Rockonomics: A Backstage Tour of What the Music Industry Can Teach Us About Economics and Life
作者：Alan B. Krueger
出版：Currency
（圖片來源：Amazon）

互聯網和智能手機可以使一個無名之輩成為歌星。但是，音樂行業也跟整個經濟一樣，門檻越來越高。

作者是普林斯頓大學經濟學教授，當過奧巴馬的首席經濟顧問。這本書學術性比較強，但也朗朗上口。美國是世界最大的音樂場，佔1/3的份額。這本書以美國為背景，有一章講中國。此書好像沒有大陸中譯本，只有台灣的翻譯。

美國的音樂行業佔勞動力總人口的千分之二，佔GDP的千分之一。也就是說，音樂行業的人均收入比社會低一半左右。很多音樂界人士的工資中位數才2萬美元而已。而且，1/3的音樂界人士沒有醫療保險、40%以上的音樂界人士都屬於自僱人士。30%的音樂界人士在教會組織工作，比如唱詩歌之類。由於這個行業的明星們收入特別高，所以，進一步拉低了非明星的收入。

互聯網和音樂直播很可能會進一步拉大這個行業的收入差距。絕大多數音樂人抱怨就業不足，而且為餐館、教堂和各種活動表演以後，收款經常是個問題，但是能夠作為藝人，這是成千上萬個小時的重複練習才能達到的，所以音樂界的人的意志力是超強的。

作為一個教授，作者給學生的職業建議也經常是「要從事自己所熱愛的職業」(Follow Your Passion)。不過他馬上會加一句：「要加入別人不喜歡的行業，因為只有別人不喜歡的行業，回報率才高」。但他也忽略了一個明顯的事實，基金公司、投資銀行、醫生從來就是大家都喜歡的行業，而這些又正好是回報率最高的行業。

書中解釋了幾個道理：酒香也怕巷子深。音樂也有一個口味問題，大家都喜歡，就有越來越多的人喜歡。古話說，戲子是捧紅的，所有企業的成功都有運氣的成分，音樂界的成功，運氣成分更大。

書中有一張圖挺有趣，反映多數歌星都是到40歲左右才開始走紅的；另一張圖顯示，從20年代到80年代，美國的收入分配一直在改善，貧富懸殊收窄了，只有從1980年到現在才經歷了40年的惡化。

在有些行業，比如製造業，勞動生產率可以不斷提高，比如電視和電腦的生產。因此，它們的產品價格不斷下降。可是，醫療、教育、音樂及體育的勞動生產率是很難提高的，因此它們的服務價格會不斷上升。不過，由於成本也同時上升，所以，這些行業未必就是有利可圖的行業。很多音樂界人士不善財務管理和成本控制，所以即使是在出名之後，依然窮困潦倒。

有一個著名的歌手說過一個俏皮話：「我的日子是最糟糕的，名氣大，又窮，坐在公共汽車上，誰都認識我」。

有一件大事，作者沒有分析，那就是音樂的國際化及文化侵略。音樂沒有明顯的政治傾向、不存在太大的語言障礙，所以大國或者是西方更容易控制小國。

此書亦提出了一個非常有趣的問題。中國14億人為甚麼沒有世界級的歌手或者音樂企業。問得好！

給金融科技的警告

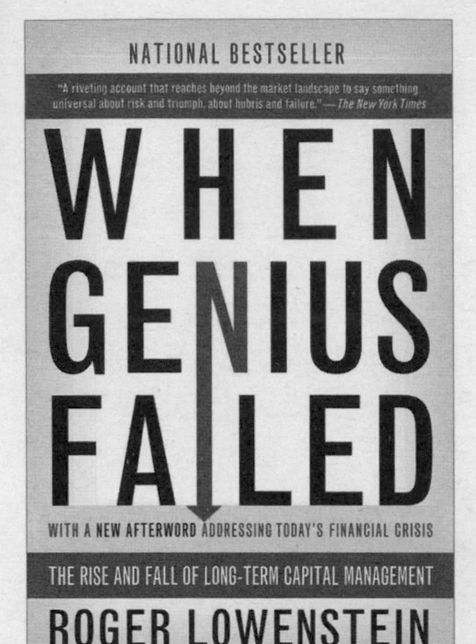

When Genius Failed: The rise and fall of Long-Term Capital Management
作者：Roger Lowenstein
出　版　：Random House Trade Paperbacks
（圖片來源：Amazon）

投資銀行的證券交易員有兩種：一是傳統派，靠的是感覺，經驗和對股，債，外匯等產品的認識；但是新派的人們強調大數據、數學模型。

九十年代初，美國老牌投資銀行所羅門兄弟（Salomon Brothers，後來成了花旗集團的一部分）一群有點名氣的債券交易員自立門戶，夥同兩位大學教授，諾貝爾經濟學獎獲得者Robert Merton 和 Myron Scholes，及美國聯邦儲備委員會副主席David Mullins等組建了一個對沖基金，叫長期資本管理（LCTM），融資數十億美元。

前幾年，他們的回報率超好。他們的策略和產品很多，雖然神秘。大體上是：

1. 在兩間上市公司公佈了併購方案，但是併購的完成尚需股東大會和監管部門批准，以及進行盡職調查等幾周甚至幾個月的不確定期間，重倉買入，比如，A公司公佈將收購B公司，收購價格為每股10元，那麼B公司的股價會立即從8元漲到9.5元，但不是十元。這0.5元的差價就值得一賭。當然，如果這項併購最終失敗，B公司的股價很可能又會跌回到8元，可謂刀尖上舔血，書中的原話是「推土機面前撿硬幣」(You're picking up nickels in front of bulldozers)。

2. 兩個相關公司的股價長期有20%左右的差距，然而最近的差距變成了35%，那麼就很有可能回歸，收窄，於是值得一賭。比如，荷蘭的Royal Dutch Petroleum和英國的Shell Transport，這兩個股東公司的股票一般有8%的差距：前者高於後者8%，原因誰也不知道，如果這個差距突然變得很大或者很小，那就有套利的機會。(有沒有人賭中國的A和H股差價收窄？)
3. 歷史上，企業債與國債的收益率有一個相對穩定的差距。如果這個差距突然變得很大或者很小，那就可以買入，等待收益率回歸。
4. 匯率，股票，和債券的「反常現象」也提供了交易機會。
5. 長期利率與短期利率的相關關係也給了套利者機會，手段包括債券和Swaps(掉期)。
6. 股票指數的波幅(Volatility)也是一個主要的交易標的。

由於每個產品的單次交易獲利很薄，所以，長期資本(和所有投資銀行)都必須依賴槓桿才能賺大錢。當然，槓桿是個雙刃劍。如果你看錯了方向，或者運氣不好(這兩者其實是一回事)，槓桿就會把你的損失放大。很多對沖基金和投資銀行的槓桿是20倍甚至40倍，但是，這還不算，衍生產品不進入資產負債表。如果考慮到衍生品，這些機構的槓桿可能是百倍或者幾百倍。這也是為甚麼巴菲特把衍生產品叫作核武器、大殺傷力武器(Weapons of Mass Destruction)。

這讓我想起中國的銀行業，本來就有12至15倍的槓桿，考慮到它們的巨額理財產品，特別是壞帳的撥備不足，它們的槓桿也是危險之至，我猜也是30至50倍。好在中國的衍生品不多，由於監管部門的水準低，未來某一天，衍生品會不會成為中國的一劑毒藥？聯邦儲備委員會主席格林斯潘(Alan Greenspan)在任19年，幾乎被認為是神，但是他的許多錯誤之一就是對衍生產品的放任自流。

1998年底，長期資本管理的淨資產少於30億美元，但是，總資產為1,000億美元，而6萬多個衍生工具的名義價值為1萬億美元。美

國聯儲局無權監管對沖基金，可是對沖基金的大量資金來源於受監管的銀行，而且對沖基金的活動影響到整個市場。

因為長期資本管理的自有資金的塊頭本來就大，加上名氣大，各家銀行也願意借錢給他們，再加上這些交易員膽大包天，所以，在1997至1998年時，它的活動開始影響到市場價格了，因為很多金融產品(特別是衍生產品，包括股票的波幅)本身就只有一個小眾市場，或者只能在5、6個大銀行之間交易。俄羅斯在1998年的主權債違約以及世界性的熊市給全世界金融機構帶來了巨大損失，長期資本管理很快就倒閉了，它原先設計的互相對沖的金融產品失去了互相對沖的功能，都往下跌。比如，兩隻本來負相關的股票結果突然失去了被歷史證明過的負相關性，往同一個方向走。在危機時刻，金融資產的價格失去了規律，甚至連交易都停止了。

在破產之後，長期資本管理的幾個合夥人真可謂「鴨子死了嘴還硬」。他們詭辨，他們的策略沒有問題，高槓桿也不是問題，而問題在於其他的市場參與者太不理性！他們還怪流動性的突然消失：「我們本來應該賺大錢的，就怪那個……」

量化交易以及中國的金融科技行業有一個共同點：依賴大數據、歷史資料，和歷史相關性。但是，這個方法有一些致命的弱點：

一是資料的質素問題，二是規律可以隨時被打破。這並不需要甚麼百年不遇的事件(誰需要黑天鵝？)其實，長期資本管理在1999年倒閉並被20多家銀行組成的聯合體接管之後，它的交易策略在兩年內又遇到了一次挫敗。更好笑的是，後來，那些知名的交易員捲土重來，兩次成立了新的基金，但都以失敗告終。

價值回歸是個美麗的傳說，但現實是，貴的可以更貴，便宜的可以更便宜。我在拙作《一個證券分析師的醒悟》中反復強調了這一點。而且，即使價值最終回歸，你等得起嗎？正如一個俏皮話所言，你可以預測價格，也可以預測時間，但不要對兩者同時進行預測。

在外國投資銀行，交易員們為機構賺很多錢，自己也分很多獎金。他們嗓門兒大，髒話多，地位高。可是誰也沒有計算，這種自營業務究竟佔用和消耗了多少的資本金，而且他們的胡作非為隨時置整個銀行於死地，甚至拖垮金融體系。過去百多年來，歐美就是這樣走過來的。中國的金融機構也染上了此病。

1992至1993年，所羅門兄弟出現危機後，巴菲特被迫接管。債券交易部在所羅門幾乎為所欲為，甚至要求公司把受到監管部門SEC處罰過、並已經引咎辭職的前主管John Meriwether請回來當整個銀行的聯席CEO，被巴菲特斷然拒絕。這些交易員們集體出走，成立了長期資本管理公司。我本人就職11年的瑞士銀行就是長期資本管理的最大股東。而且在2007至2008年，瑞士銀行本身就因為債券部門巨虧550億美元而差點倒閉。

這本書出版於2000年，當時我仔細讀過，但是很多細節我忘了。我讀了第二遍後，依然覺得新鮮和驚心動魄。它的語言也優美，不虧為一本好的英語教材。

財赤不僅可行，而且必要。

The Deficit Myth: Modern Monetary Theory and the Birth of the People's Economy
作者：Stephanie Kelton
出版：PublicAffairs
（圖片來源：Amazon）

這本書2020年推出後已經風行了一年多，作者凱爾頓（Stephanie Kelton）曾是美國民主黨經濟幕僚，她在這本解構「財赤迷思」的書核心觀點是，國家的預算和家庭的預算是完全不一樣的，家庭必須量入為出。可是主權國家有完全不一樣的邏輯，長期以來，各國政府的運轉前提都是：教育、醫療、軍事樣樣支出都必須具有資金來源，可是在一個社會中，家庭和企業一般都是有儲蓄的，因此，這個閒置的資源就是政府支出的前提。嚴格的説，政府支出不需要考慮資金來源，主權國家可以脱離税收，任意花錢，這就是金本位與現代貨幣制度的根本區別。金本位已經過去這麼多年，可是，人們的思維還沒有進化到現代貨幣制度。

美國的財政赤字或者國債年復一年增加，政客們、學者們、普通人們，記者們不斷用漫畫、圖表和文章攻擊這種現象，發出各種呼叫和呼籲：天塌下來了！危機隨時到來！量入為出吧！可是美國經濟越搞越好；老百姓的生活越來越好；美國越來越強大。

為甚麼呢？大家心裡和嘴巴上説，要堅持負責任的財政政策，可是實際行動上做不到。民主制度下增加支出的要求和不斷抵消經濟疲軟的壓力，被迫把國債不斷推向新的高峰。

美國在歷史上只有過七次財政盈餘，而這七次都導致經濟的衰退和大蕭條，為甚麼？因為政府有盈餘就是對有效需求的萎縮；在家庭和企業必然有儲蓄的時候，如果政府也勒緊腰帶，那產生經濟大蕭條是必然的。

這本書淺顯易讀。不願意花太多時間讀這本書的人們可以在YouTube聽作者的幾次演講。她把書的邏輯解釋得非常清楚。為甚麼希臘和東南亞國家都因為財政不謹慎而產生危機呢？作者說，那是因為它們欠了太多的外債。希臘欠的是歐元債，主要是德國銀行和法國銀行的外債，這就是危機的源頭，內債根本不是問題。

至於美國欠中國一萬億外債，這根本不是問題，因為對美國來說，美國隨時可以用新的電子貨幣或者鈔票歸還中國的錢。而中國和另外很多國家對美國有貿易順差，這些錢除了買美國國債以外，沒有太多別的出路，也就是說中國和其他國家是美元的俘虜而已。

關於政府財政赤字和國債的問題，大家問的問題根本就是錯的。正確的問題是兩個：

第一，會不會產生額外的通貨膨脹。

第二，會不會導致社會更加不公平。

為了避免額外的通貨膨脹，包括資產價格的膨脹，政府財政赤字應該比較適度，用到能夠產生效益的地方，也就是說不要導致工資的暴漲或者原材料、製成品的價格暴漲。政府應該做個判斷，經濟中還有多少未被利用的資源？

第二，關於政府財政支出所產生的新需求，可以通過轉移支付的辦法，保證低收入人群得益。

作者拒不談一個另外的問題，那就是，由於美元的世界霸權地位，美國的通脹壓力是全世界分擔的(特別是中、印、日、韓等持有美元儲備最多的國家)。因此，美元的霸主地位給了美國額外的印鈔票的空間。美國的霸權是其他國家抬轎子的結果。

世界上的窮國應該醒悟過來，讓自己的貨幣隨時可兌換、可流通，避免依靠美元，也試圖把自己的一部分通脹壓力釋放出去，心甘情願做美元平台上的小商戶，是很可悲的。

一個基金經理的10.5個教訓

10½ Lessons from Experience: Perspectives on Fund Management
作者：Paul Marshall
出版：IPS - Profile Books
(圖片來源：Amazon)

這是一個知名的對沖基金創辦人Paul Marshall對自己30年職業生涯的總結。他和朋友Ian Wace創辦的Marshall Wace為倫敦大型對沖基金，管理逾550億美元資產.

第一條，股市是無效的。也就是說，你可以通過認真研究，小心謹慎，獲取超額回報。而2013年諾貝爾經濟學獎得主、芝加哥大學教授法瑪(Eugene Fama)有一個著名的理論，認為資本市場把所有資訊都已經反映在股價上了，因此你想獲得超額回報是徒勞的。作者諷刺經濟學家們：兩個經濟學家在路上走，看見一個百元鈔在地上。其中一個經濟學家說：「別犯傻了！這種事情是不可能發生的。如果有百元鈔，肯定早就被人撿走了！」

散戶參與率越高，市場效率越低，股價越容易偏離基本面很遠。作者認為，每天的股價是相互不獨立的事件，也就是說，明天的股價是受今天股價影響的。這也是為甚麼有些公司的生意模式完全破產了，或者基本面完全變了，在股價大跌之後還容易朝原來的高位爬行，也就是說，股價是有記憶的。國際大鱷索羅斯(George Soros)有一個基本的理論說，基本面決定股價，可是股價也可以決定基本面，而且我們每個人都是市場的參與者，我們在看股價，股價也在看我們。

美國股市之所以相對比較有效率，是因為野蠻人可以控制公司，並且重組、清算。當然，作者只是解釋了一個方面，可是他就不明白，中國股市可以連續昂貴幾十年。這究竟是怎麼回事呢？用作者的話來講，也許幾十年還不夠長，也許北京交易所的成立能夠解決這個問題？

第二個經驗教訓：市場參與者並非都是理性的。除了資訊欠缺以外，人的愚蠢是無法衡量的。我們容易被恐懼和貪婪蒙住雙眼，過分的借貸也增加了爆倉的可能、提供超額利潤的機會、人還容易產生羊群心理、信心爆棚、賭徒心理、先入為主，這都是很正常的現象。不管是買基金還是買股票，大家總是容易犯一個這樣的錯誤：剪掉鮮花，保留雜草。

第三，有的人就是比另外的人更會從股市撈錢。世界上確實有經驗和技巧這麼一說，不過作者說，智能手錶Apple Watch 軟件負責人林奇(Kevin Lynch)和股神巴菲特所佔的便宜，是他們以前競爭比較少，而不是因為他們有技巧。林奇佔得便宜是經濟騰飛，中小股票暴漲；而巴菲特占的便宜是白用保險公司的錢。而且加槓桿、加衍生工具。巴菲特把衍生工具說成是「大殺傷力武器」(Weapons of Mass Destruction)。但是他自己就是用衍生工具的高手，他只是認為他應該用，你不應該用而已。

第四，投資分為長期和短期。短期靠故事。是互相博弈，看別人喜歡甚麼。長期就得注意基本面，挑好公司。

第五，股市是一個愛聽故事的地方。但是你要在故事還朦朦朧朧的時候進去。等到上電視的時候，這個故事就沒趣了。

第六，風險分散當然很重要，但是個人最好把重倉控制在十個以下。

第七，不要隨便沽空一個股票。沽空太難了。

第八，充分利用大數據和機器學習。

第九，世界上有太多我們不知道的東西。好公司也可以大跌。所以，風險控制非常重要。

第十。基金越大，越難管，回報率越成問題。最後一點是半個看法——大多數基金經理的職業生涯一定是以失敗告終，就跟政客一樣。

銀行兩面不是人

Sabotage: The Business of Finance

作者：Anastasia Nesvetailova, Ronen Palan

出版：Allen Lane

（圖片來源：Amazon）

這是倫敦城市大學兩個學者的新書。他們把過去三、四十年以來的金融創新做了一個歸納，從衍生工具到併購，再到P2P和加密貨幣。作者的中心思想是說：金融創新破壞性嚴重，而且並不創造經濟價值，只是零和遊戲。這一點我是完全不能同意的，因為金融創新是推動效率提高、創造需求、滿足需求必經之路。

銀行作為一個經濟板塊，如果不創新、如果大家都協調好了不創新，全世界們又會罵我們，說我們偷懶、不思進取；如果我們創新，那必然會搶奪競爭者的地盤、為競爭對手設置陷阱。當然，市場總會有新的需求出現，也就是說蛋糕會變大。事實上每一年金融體系的體量都是在增加。

作者問，為甚麼金融體系出現了這麼多的相互破壞和顛覆之後，還是這麼利潤豐厚？這個批評其實有一點微弱，因為金融體系的利潤率，比如淨資產回報率，在過去20年、30年一直在下滑。雖然其他行業的收益率也在下滑。

這本書最大的優點是：它是學者們寫的，沒有既得利益的考慮。而且相當通俗易懂。書中涉及到很多大家知道的案例，比如AIG的倒閉、德意志銀行的失敗、高盛集團欺負利比亞政府，蘇格蘭皇家銀行收購荷蘭銀行等等。

此書另有一個缺點：作者並沒有分析為甚麼銀行的收益率一直下降；為甚麼金融體系作為一個整體來看資本長期過剩。而事實上相互破壞，相互搗亂以及各種衍生工具氾濫的根本原因就是金融業產能過剩。可是為甚麼產能過剩呢？作者如果對這件事情做了分析，那就太棒了。

千瘡百孔的經濟學

《「錯誤」的行為：行為經濟學的形成》（原著為*Misbehaving: The Making of Behavioral Economics*）
作者：塞勒（Richard Thaler）
譯者：王晉
出版：中信出版社
（圖片來源：豆瓣讀書）

此書原著*Misbehaving: The Making of Behavioral Economics*的作者是2017年諾貝爾經濟學獎得主、芝加哥大學教授塞勒（Richard Thaler）。我讀完了這本書的中譯本，中文版譯者王晉的翻譯值得讚賞。

直到一百多年前，經濟學還只是一些智者的零星觀察而已，不成系統，不成理論，也不嚴謹。後來一些學者對商品價格的形成和消費者需求，效用及在一定條件下的消費決策做了一些研究，很牽強地把它叫作經濟學——微觀經濟學。

再後來，人們把它用來分析國家和經濟，是為宏觀經濟學。但是，這兩個分支都是千瘡百孔，特別是宏觀經濟學。

當然，其他學科的人們一直不太瞧得起經濟學。為了獲得尊重，經濟學引入了數學方程式和計量模型，但是，一次又一次在經濟轉折關頭上，經濟學還是被證明完全不中用。美國聯邦儲備局的前主席格林斯潘（Alan Greenspan）一生都是以建模和預測自詡的。但是在他退休後的第二本書*The Map and the Territory*中，繞著彎兒承認這些宏觀經濟學的模型其實沒有甚麼用處。

他的下一任主席伯南克(Ben Bernanke)就更加謙虛了，他直言，經濟學對於解釋歷史事件還是有用的，不過，它對於預測未來嘛，就不太靈了。

幾十年來，塞勒之流不斷指出一些怪異的經濟現象，比如消費者不理性，股價不聽話等等。這就讓那些已經在經濟學界盤踞霸主地位的諸神們十分光火，不斷打壓。

可惜，正統的經濟學一次又一次地不給力，這也就讓叛軍首領(行為經濟學的塞勒)獲得了2017年的諾貝爾經濟學獎。

可是，你問我：究竟甚麼是行為經濟學？我只能說，它就是正統經濟學與心理學的雜交，它還不能算是一門學科，它不系統，也沒有一個明確的建樹，它只是提醒大家注意經濟學的千瘡百孔而已。

塞勒的這本書特別適合於讀過西方經濟學的人們：它講述了這個不叫學科的學科的演變。它描述的西方大學的歲月很有趣。至於書中舉的諸多例子和怪像，我覺得沒有太多意思。我們A股市場的人們、中國賣狗皮膏藥的專家們、汽車抵押貸款和P2P市場的人們可以給出更多更精彩的例子。

經濟學的慚愧

The Other Half of Macroeconomics and the Fate of Globalization
作者：辜朝明（Richard C. Koo）
出版：Wiley
（圖片來源：Amazon）

2009年，野村證券的辜朝明創造「資產負債表衰退」（Balance Sheet Recession）一詞，並用它來解釋為甚麼在利率極低時，日本人和企業不借、不投資，因為他們忙於修復自己的資產負債表，不斷減債，而且投資機會也很有限。現在他把這個概念用來解釋歐美經濟，為甚麼銀行越撇帳，壞帳率反而越高，經濟越蕭條，關鍵是投資機會太有限，大家都在瘦身。

他還講，發達國家過了「路易斯拐點」（Lewis Turning Point）、即農村勞動力從過剩轉向短缺之後，再沒有農村的便宜勞動力被吸收。在拐點之前，貧富懸殊非常嚴重，這也是共產思潮不斷興起的原因；可是過了拐點之後，工人的討價還價的餘地增加，工資增長的幅度高於資本回報的增長。這個時候，新興市場的國家緊追上來。這就是日本追美國，台灣、韓國追日本，和中國追發達國家的一個過程。

辜朝明認為中國在2012年就過了路易斯拐點，這一點我是不同意的，我認為中國吸收便宜勞動力的過程還要持續相當長的時間，也許20年。我們還太窮，農村勞動力還太多。

對於中美貿易關係，他講了很多內地學者和媒體從來不講的背景和道理，值得大家看一看。我不便歸納。

經濟學家沒有預測到1929年的大危機，也沒有預測到2008年的大危機、亞洲金融危機、希臘和西班牙的債務危機，所以讓人相當失望。最近，英國經濟學家雜誌也在連載經濟學領域的諸多失敗，包括失業率很低的美國為甚麼工資升不上去？通貨膨脹與就業的關係，以及利率水準極低，究竟有甚麼樣的長期影響？政府應該怎麼辦。經濟學家們在面對大量無法解釋的問題時，就用一個非常籠統的詞：「結構性改革」來掩飾。可是，能不能來點實際的東西？

經濟學家們公說公有理，婆說婆有理。各說各話的狀態有點像占星術，也像社會學、政治學，這也是這個行業為甚麼不受尊重的原因。大量的學者躲在數學方程式裡面，還有更多的人在空談。

在亞洲金融危機的時候，傳統經濟學，特別是國際貨幣基金組織在亞洲的銀行倒閉、企業破產、千萬人失業的時候，還要各國政府收緊財政赤字、嚴格執行貨幣緊縮政策，提高利率，結果越搞越糟糕，這是經濟學失去公信力力的第一步。第二步就是2008年，經濟學家們不僅沒有預測到危機，也沒有任何招數。

歐美人民和企業借錢的欲望低迷，也許可以用中國的辦法來解決？中國的投資機會其實也很有限，但是借貸欲望一直非常強烈，是不是因為可以賴帳呢？

央行無奈，財政有為。

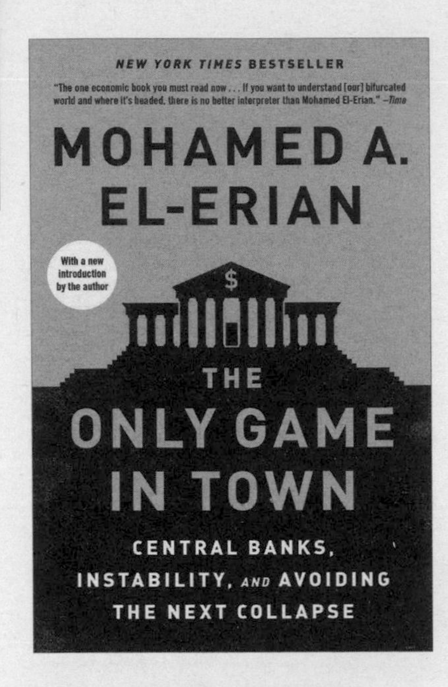

The Only Game in Town: Central Banks, Instability, and Avoiding the Next Collapse

作者：Mohamed A. El-Erian

出版：Random House

（圖片來源：Amazon）

The Holy Grail of Macroeconomics: Lessons From Japan's Great Recession

作者：辜朝明（Richard Koo）

出版：Wiley

（圖片來源：Amazon）

最近，我讀了兩本關於當今世界經濟困局的英文書。一本是安聯(Allianz)的首席經濟顧問埃里安(Mohamed A. El-Erian)的新書*The Only Game in Town*。這本書出自名人，但無新意。不過，我還是把它歸納給大家。

另外一本是很有意思的舊書，它是野村證券的辜朝明(Richard Koo 2009年寫的*The Holy Grail of Macroeconomics*講述1990年以來，日本的「資產負債表衰退」(Balance Sheet Recession)，並且把這個概念應用到美國的1929至1931年的大蕭條，以及今天的世界。

先談辜的書。他説，日本在1990年以前，經濟騰飛人民信心爆棚、負債過高、炒樓，炒股和做生意。但是，當1990年，房地產和股市崩盤之後，他們馬上發現自己要麼是「負資產」，要麼並沒有很多錢。為了保全身價，大家紛紛減債。不管利率多低，銀行多麼殷勤，絕不再借，能歸還的債務馬上歸還。這個過程用了十多年的時間才完成，而且很多人的「野獸精神」也被打掉了，心有餘悸，不敢再隨便借錢投資炒這個那個的。

在這種情況下，貨幣政策沒有任何意義。降准降息，和巴結借款人等，都沒有用。大家一門心思減債。由於企業虧損可以在未來7年用利潤抵扣，由於股市樓市的投機的減少，政府的税收的減少必然大於GDP的下降幅度。

1990至2005年的15年時間裡，日本的名義GDP 累計增長了13%，但是，税收收入卻從61萬億日元下降到49萬億日元！

所以，財政赤字一定嚴重。國際貨幣基金組織(IMF)，經濟合作與發展組織(OECD)以及各國專家們紛紛出壞主意，建議日本加税，平衡預算。還有很多人建議「結構性改革」。但作者辜先生認為，這些人全是胡説八道！

這時，財政應該更加進取！這個時候不發生赤字，難道經濟興旺的時候發生赤字嗎？財政需要進取的另外一個原因是，貨幣政策在這個時候已經被廢掉了。(你可以用繩子拉東西，但是不能用繩子推東西。)

辜先生聲稱，他不是凱恩斯主義者。他只是在發生「資產負債表衰退」時，才建議加大財政的力度，而普通的經濟蕭條都可以用貨幣政策來解決。

經濟上升時，貨幣在增長，因為信貸有衍生的倍數。但是，在資產價格大跌時，大家為了保全身價，儘量減債，這就發生了「信貸的倍數下降」。如何應對？只有財政支出才可以抵消這種螺旋式下降。減稅的效果不明顯，因為，人們會用減稅的好處去減債。但是，加稅顯然不行。

有些政府希望盯住消費物價指數(CPI)來調控經濟，結果很失敗。比如，1990年日本資產價格崩潰，但是，一直到1993年日本還有通脹。通脹並不代表股票和房地產的價格沒有下跌。人們紛紛減債時，根本不看通脹指標，而是看資產價格。

那1990至2005年的15年，是財政把日本救出來的。很多人反問，財政刺激那麼凶，為甚麼日本經濟停頓了15年？但是，如果沒有財政刺激，日本經濟會出現嚴重收縮！

關於美國的1929至1931年的大蕭條，辜先生的數位也顯示，狀況跟日本的1990至2005相似。「信貸的倍數下降」是根本問題。聯儲雖然大力扶持，但是，效果不明顯。

我本人的看法：現在全世界(包括中國)政府都是負債累累。很多人得出結論，這些債永遠無法償還。多新鮮啦！我看有些國家會用通脹把負債消滅，還有些國家會等到某個時候一筆勾銷，或者央行買單，接貨。另外，希臘一個小國，經濟不振，也沒有高科技，它欠下的歐盟各國和IMF的巨債顯然只有一筆勾銷，大家還在談判來，談判去，不是浪費時間嗎？中國如果出現資產價格崩盤，真不知道多少人(和企業)會變成「負資產」。我們會不會出現日本的情況？

再談*The Only Game in Town*這本新書。作者就是「新常態」這個詞的發明家，曾經在太平洋投資管理公司(Pimco)擔任CEO。它的書名也非常精準的抓到了今天世界經濟政策的核心，是啊！全世界瘋狂降准降息，把央行用到了極端。以後還有退路嗎？下個危機來臨時，還有空間再降准降息嗎？或者更多的QE？

我認為此書沒有新意，因為它把當今世界歸為十大問題：要重振世界，必須解決這十大問題。這相當於沒有重點，面面俱到。也就意味著沒有深度。

這十大問題是：低增長、高失業、貧富懸殊、信任危機、政府癱瘓、世界競爭格局發生重組、移民危機、金融風險、資產價格泡沫化及中東等地區的政治不穩。對每個問題，作者都做了一些分析。但是，我沒有抓住一個「寶」。

這也是很多名人著作的一個通病。我讀了格林斯潘（Alan Greenspan）的兩本書，竟然沒有一點收穫，內容洋洋灑灑，漫天遊，我甚至沒有弄明白他的中心思想。第一本是他剛從聯儲局主席的位置上退下來，他祝賀自己為全世界經濟做出了巨大貢獻。那時，美國次貸危機尚未爆發，他還可以吹牛。可是，一年後，次貸危機打了他一記耳光，所以，他的第二本書就多了一點謙恭，當然更多的是詭辯、輕微的詭辯，弱弱的詭辯。

英倫銀行前行長金澤文（Mervyn King）也曾寫了一本書，裡面完全沒有他如何「站在高山頂上，拯救英國以至全世界」的豪氣。我在倫敦的書店裡翻了半天，決定不買，我倒是希望他談談他工作的內幕之類，但是，他沒有。美國前聯儲局主席伯南克在退休以後寫的書，我翻了半天，也不想買。他（和眾人一樣）既沒有預見到次按危機，在應對政策上，也長期滯後。關鍵問題是，他根本不想承認這一點，也不想深刻剖析這件事，這種翻來覆去的書，我見多了。

倒是英國銀監會及證監會的前主席特納（Adair Turner）著作 *Between Debt and the Devil: Money, Credit, and Fixing Global Finance* 寫的有深度。他的核心思想尖銳，清晰，痛快。

「鱷王」的成功原則

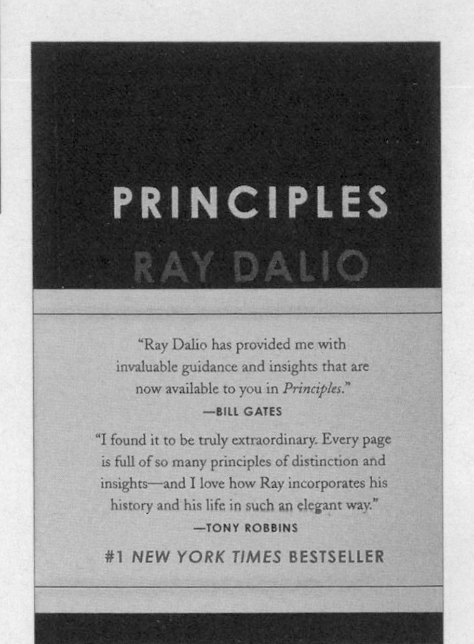

Principles: Life and Work
作者：Ray Dalio
出版：Simon & Schuster
（圖片來源：Amazon）

關於這本名著，很多人寫過評論和心得，我不擬重複作者是有「鱷王」之稱的橋水（Bridgewater）創辦人達里奧（Ray Dalio），他大學畢業後在證券公司的大宗商品交易部門工作過，後來創業也是在這個領域，他很快拓寬投資領域，獲得了巨大成功，橋水更是全球最大對沖基金。我讀完此書後，只有一個強烈的感受：他的成功得益於投資和企業管理的精細化。

達里奧在投資時一定要基於大量的統計資料和建模，這是他區別於絕大多數投資者的關鍵。他絕對不玩概念，不接受「貨幣貶值了，有利於出口」、「降准降息有利於股市」，「乾旱會推高大豆的價格」這一類的有害言論。他關心的是0.32%，還是0.33%；是五周以後，還是68天以後。他對價格信號的整個傳遞過程以及具體時間和維度十分講究。他強調精準。

這也延伸到他的企業管理，他招聘員工時，要反復面試每一個人。他還專門學習心理學，引進了一套打分方法及測試方法。在企業預算，內部控制方面，他絕對不是腳踩西瓜皮，滑到哪裡是哪裡的人。很多人會批評他事無巨細，一杆子插到底，也有人會說他的方法太煩瑣，太疲勞，但是他不相信拍腦袋，即是單靠主觀想像、憑經驗，更不是甩手掌櫃，只懂對人指手劃腳。他強調精細化、資料化、系統化，及反復測試。

他說“... they couldn't show me why our approach of clearly specifying, testing, and systemizing our logic wasn't preferable to making decisions less systematically.”

在投資方面，他與巴菲特的區別在於，他是一個精準狂，和數學模型狂，而巴菲特基本不用電腦，完全憑廣泛閱讀，深入理解，和長期持有。巴菲特比達里奧老19歲，巴菲特的高回報率主要是前面三十年。而最近20年，還是達里奧的回報率更加驚人。當然，資金量越大越難有高回報，達里奧更是一個交易員。

在企業管理方面，巴菲特是甩手掌櫃：投資那些貴得不太厲害的好企業，不參與管理。而達里奧堅持精細化管理和軍事化的紀律。

華爾街的風光與糜爛

The Buy Side: A Wall Street Trader's Tale of Spectacular Excess
作者：Turney Duff
出版：Currency
（圖片來源：Amazon）

兩年前，我就買了這本英文書，最近我才讀：文筆輕鬆，故事中有幾個人我還見過。作者Turney Duff在三家對沖基金當過十多年交易員。辦公室裡，當然有政治、受欺負、踩紅線、貪欲等等，這並不新鮮。大家每天早上6點左右就到辦公室，我很多投行同事和客戶都是如此，我本人雖然沒有那樣做過（我那年代一般7點多到達），但晚上還有應酬，一場接著一場。今天懶散的我不敢想那個生活方式了，他們幾百萬美元的年終獎金，大家已經熟悉了。但是，他們很多人並沒有積蓄，或者沒有像樣的積蓄。

作者坦白，他就是月光族。怎麼會呢？太簡單了！稅收拿掉幾乎一半，每天吃好的、開跑車、吸點毒、喝點好酒、旅遊、炒股票再虧一些錢，你就差不多了。他失業時，房子就被銀行收掉了：因為他的按揭供款斷了線。

2009年初《華爾街日報》（*The Wall Street Journal*）有篇文章，講國會議員們逼著華爾街的中、高管們減薪、減花紅，令華爾街一眾精英嚎叫，「年薪少於50萬美元，在紐約根本沒法活下去！」報章竟然登出詳細的計算，說明50萬美元「確實很緊巴巴的」。

可是，大眾怎麼辦？作者是基金公司的交易員，叫「買方」，中國叫「甲方」。當然，乙方（投行）捧著你、吃喝簽單無極限、旅遊、玩模特兒、去花樣舞會、吸毒等等。誇張點說，可謂「日日過年，夜夜新婚」。作者的女兒出生第二天，他收到的禮品，賀信多到他簡直不敢相信！跟其它很多行業一樣，華爾街也是個名利場，只是因為錢多任性，所以更加誇張一點都有。由於長期吸毒過量，作者不得不兩次辭職去「療養院」（Rehab）。 最終，他同居的女友跟他分手，女兒判為「共同撫養」。 他搬到長島（Long Island）一個小小的一居室，每天打電話兜售某家雜誌，一年賺三萬美元。他說，把經歷寫出來，感到舒暢，猶如在骯髒的地方呆久了，洗個大澡一樣。他經常問，控制自己的毒癮為甚麼這麼難呢？此書的價值在於，它讓人看到名利場的熱鬧和孤獨。

高談理想，但賺錢為上。

What They Teach You at Harvard Business School: My Two Years Inside the Cauldron of Capitalism
作者：Philip Delves Broughton
出版：Penguin
（圖片來源：Amazon）

這本英語書在我的書架上躺了十周年。這個假期我花了三天讀完了。感覺真好！

它的作者偏文史哲，從牛津本科畢業後在《每日電訊報》（*The Daily Telegraph*）當了十年記者。2006年31歲的他攜妻帶子去哈佛商學院讀MBA，在課程方面自然落後於科班出身的同學們。他是全年級唯一沒有找到工作的畢業生。兩年課程下來花費18萬美元，一半源於貸款，壓力巨大，後來以寫稿和做項目顧問為生，到現在為止出版了四本書。

此書分兩個內容。一是以個人生活的方式，詳細介紹他在哈佛商學院的若干課程內容：企業融資、戰略、行銷、企業家精神、談判、領袖智慧和道德等。

他用諷刺的口吻描述了一次「團隊建立」活動。我是一個知音，我在外資銀行和大學工作了二十多年，但我只在UBS新加坡參加過一次這種活動，其他的我都躲過了。

哈佛商學院的課程基本上都是商界的案例。這種教學方法有利有弊。校方不斷請各類名流來演講和與學生交流。作者認為是一個極大的優勢，不過，他也指出，人，特別是成功的人，往往喜歡「端著」一個面具，這讓本來可以很有成效的交流打了折扣，有時少不免成了名人秀，套話和假大空也相當多。幾乎每個人都會大講企業的社會責任、世界之不確定性、職業規劃要長遠、工作與生活的平衡、做你喜歡的事、金錢不重要、科技很重要、環保很重要及慈善很重要等等。

某大公司的CEO在被裁掉後說，「我的女兒長到12歲，我才真正認識她」。言下之意，我退下來，正好可以跟家人多花一些時間。作者問自己，如果這個CEO事業興旺，他會不會跟學生炫耀，自己如何在事業和家庭生活上的完美平衡？

上學時第一天，大家就開始找工作。那些套路全球都一樣：找校友、求推薦、職介會、校園招聘會、面試。全年級九百個畢業生，儘管大家在校時，奢談社會責任、工業支柱、政府很重要，但還是沒有懸念：大家還是跟著錢走。依次序去對沖基金和PE（私募股權投資）公司、投資銀行、諮詢公司。儘管大家奢談中國和印度是世界的未來，但是只有一個印度人回印度，一個中國人回中國。

作者一直用輕諷的口吻講述自己和同學們找工作的整個過程。我雖然很熟悉這個過程（當過求職者，也當過投資銀行學校招聘的負責人），但是讀起來，依然很有趣。世界上如果沒有諷刺，詼諧和幽默，那該多無味啊！

作者的自嘲也隨心所欲。他一邊有文史哲的偏執和英國「優皮」的清高，一邊對金錢有些偏好：畢竟中餐廳的大閘蟹比三明治好吃！

他被金錢誘惑捲進了商學院，在校期間又跟一個同學創辦了一個互聯網公司，收集各類專家的訪談錄音。雖然一直未能獲得融資而被迫放棄，但是他在這件事情和後來找工作時所做的努力，絕對不算偷懶。

如果他從頭到尾就是一個拜金主義者，他也許會找到了一個投資銀行或者諮詢公司的工作，可是他半信半疑，直到失敗。

作者在全書中反復闡述他對家庭，工作以及各種矛盾的看法，很坦誠，精闢。

他諷刺了學界和商界的一大惡習：不斷造詞，造概念（即「Fad」）來掩飾自己的無知和無新意，或者顯示自己的高深。本人深表贊同。

我自己一直是簡潔語文的奉行者。我認為，如果我寫的中文不能讀給我年邁的父母聽，那就是不誠實和耍滑頭的表現。可惜的是，中國的學界和商界完全淪陷了。有時我的同事們寫的東西，被我大筆一揮，剩下了幾句大白話。

作為英語文字的愛好者，我享受了作者的輕諷和無數妙語，數度拍案叫絕。比如，他說，每個學校招聘的代表都強調，他們的同事們對公司有激情(Passion)，聽多了，厭倦不堪。他仿佛聽到波士頓諮詢公司的代表說：「我們去上班，好比帶著呼吸短促的性愛」(We bring a panting, sexual intensity to our work)

富達基金的代表似乎在說：「我們的分析師對上市公司基本面的專注猶如顫抖的性高潮！」(Our analysts share a knee-trembling, quivering, orgasmic degree of focus on company fundamentals.)

高盛集團的CFO似乎在說：「我們招的人必須對業績有瘋狂的癡迷，對辦公室的一切依依不捨，忘掉了其他一切....」(In the people we hire, we expect to see a stalkerish obsession with financial performance and a downright creepy fascination with the office and all that goes in there, to the exclusion of anything else, ...)

讀書不光是為了學東西。享受也很重要。這本輕輕的小書，有不少地方值得品味，不像內地的很多充版面的書，廢話連篇，還是精裝，拿著又重。

普惠金融不惠及普羅大眾

The Rise and Fall of Global Microcredit: Development, Debt and Disillusion

作者：Milford Bateman等

出版：Routledge

（圖片來源：Amazon）

普惠金融是指普羅大眾有平等機會獲得可持續的金融服務，過去40多年，全球普惠金融經歷了三個階段。第一階段，起初十年，是政府補貼式的小額貸款（Microcredit）。

第二階段，從90年代開始，民主派人士認為補貼就是不相信市場，證明大家不相信他們的理念，於是，從美國、英國到其他歐美國家的援助機構和商業機構開始要求真正按照商業化的原則運轉。

第三個階段，就是最近十年。到處都是質疑的聲音。普惠機構成群地關門。借款人在貧困陷阱中越陷越深。於是，大家開始了迷茫，困惑和氣憤；呼籲改革的聲音此起彼落。

普惠金融的借款人都是低收入人群，他們的消費平時也一直遇到困難，所以他們的企業運營資金和用來消費的線只不過是左口袋和右口袋而已，甚至裝在同一個口袋，根本分不清楚。

如果他們把錢用來作為消費，那麼還款來源經常成為問題。如果他們把錢用在小微企業的運轉上，而失敗的概率又是很高的。在很多小額貸款盛行的地方，小微企業之間還出現空前的競爭加劇。由於風險高、單筆金額小，因此普惠金融的利率必須很高、必然很高，在百分之四、五十以上是很正常的。而這麼高的利率，借款人不堪重負，特別是長期如此。在中國出現的多頭借貸、即借款人在兩家或以上平台申請貸款，以及借新還舊的問題，在所有國家，都一直在上演。

這是一本務實的書。除了對世界範圍內的普惠金融行業做些探討之外，它也就秘魯、巴西、墨西哥、印度、柬埔寨、摩洛哥和哥倫比亞等國的小額貸款、普惠金融行業做了比較詳細的分析。結論相當一致，就是普惠金融要麼完全無效果，要麼幫倒忙。

這本書的作者們都是政府外援機構的工作人員和大學教授。有些理論探討讀起來很困難。但是讀者可以挑重點，讀些實務的內容。

這本書最有趣的觀點是，好幾個作者談到，大量提供小額貸款或者普惠金融，在很大程度上把勞動力固化在了個體戶。這樣，社會效率低下，而且與中小企業形成了激烈的競爭(產品競爭及融資競爭)。從社會角度來看，這種規模不經濟以及反工業化的問題非常嚴重。他們用了三個詞，叫De-Industrialise, Informalise和Primitivise，即普惠金融導致了(1)工業化的倒退，(2)企業單幹化及(3)原始化。

小微企業的貧困陷阱

Under-Rewarded Efforts: The Elusive Quest for Prosperity in Mexico
作者：Santiago Levy
出版：Inter-American Development Bank
（圖片來源：Amazon）

沒有一個官員或者政客敢說這樣的話，可是這本書的作者既是哈佛大學的學者，也當過墨西哥的部長。他通過嚴謹的分析，回答兩個問題。第一，過去20多年，為甚麼墨西哥的人均GDP增長率低於1%（雖然宏觀和國際環境相當有利；第二，為甚麼小微企業在經濟中的比重不斷的上升，而不是下降呢？

他通過墨西哥官方統計數字把企業分成大企業（50人以上）、中型企業（11至50人）和小企業（僱員在10人以下）。這還不算幾百萬個無固定營業場所的自僱人士。

墨西哥各級政府都有小微企業以及自僱人士的優惠政策。特別是在稅收、信貸、保險金及養老金等方面，於是就出現了很奇怪的現象，人們寧可設立三個小微企業也不肯開辦一個中型企業。

作者發現，同類企業的勞動生產率差別非常大，比別的國家要大多了。可是效率低下的企業照樣能夠長期苟延殘喘，浪費土地、勞動力、資金。

作者還發現，太多人讀了很多學位，但是他們的工作跟高學歷完全不相配，而他們的教育成本和所受的痛苦也沒有得到回報，讀很多學位，從個人的角度來講，也許是理性的，但是從社會的角度，是不理性的。

任何發展中國家信貸資源都是短缺的，政府的很多政策不僅無法幫助小微企業，而且通過信貸把小微企業牢牢地拴在了一個個貧困的陷阱裡面；而大中型企業又得不到應該得到的信貸、勞動力以及土地資源。

小微企業滿足了很大一部分市場需求，也就把大企業的客戶搶走了，這其實就是保護了落後，在保險金、稅收等方面，大企業不堪重負。

這本書用了很多統計學和數學的方法，語言也很拗口。我建議我們的學術界和政府部門研究一下這本書；不要急於批判人家，否定人家。

我們所做的事情，究竟是在提拔小微企業，還是為小微企業續命？

小微金融無助扶貧？

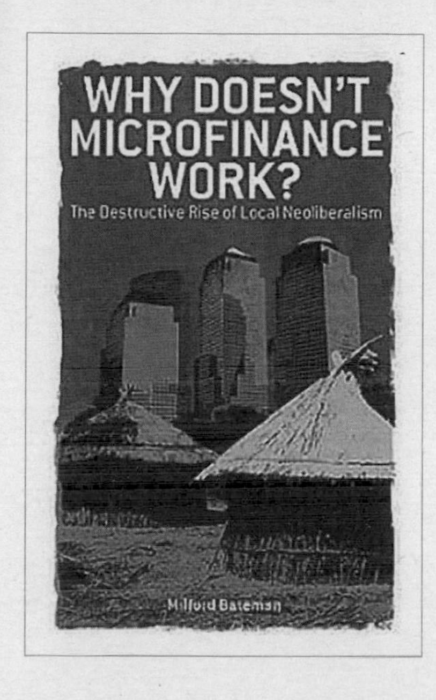

Why Doesn't Microfinance Work?: The Destructive Rise of Local Neoliberalism
作者：Milford Bateman
出版：Zed Books
(圖片來源：Amazon)

這本書是2010年寫的。作者當過小微企業融資和扶貧顧問，當過教授。他的核心觀點是：

1. 小微企業貸款或者普惠金融大部分是用於消費的，雖然有些用於小微企業的發展，但是高利率(怎麼可能低利率呢？)把小微企業固化在貧困陷阱之中了。
2. 很多小微金融的分析師們忘記了一點，那就是扶持了張三，必然打擊了李四。在同一個村子或者同一個街道上，生意的機會絕對沒有像雨後春筍一樣湧現。因此，一部分小微企業的發展，必然犧牲了另外一部分小微企業。
3. 小微企業信貸壞賬率極高。小微金融機構倒閉的比例也非常高。也就是說他們雙方是一種相互傷害的關係。
4. 歐美國家民主人士為甚麼要在發展中國家強力推進普惠金融這個概念呢？因為他們想證明脱貧、扶貧不能靠政府，必須靠資本主義的方式、靠所謂民主的方式、靠市場的幫助。可是幾十年下來，大家發現，這樣做，脱貧的效果非常有限，甚至幫倒忙。普惠金融流行的國家個個都一蹶不振，它們的企業都太小、規模不經濟、沒有競爭力、無法搞科研、無法上台階。

既然普惠金融無法幫助扶貧，那他的政策建議是甚麼呢？畢竟作者受資本主義理念的深度影響，他拿不出像樣的政策建議，只是咕咕噥噥而已。我本人認為，大工業和大服務業才是真正的先進生產力，才是扶貧的根本出路。窮人的根本出路是到大工業和大服務業去打工，而不是像無頭蒼蠅一樣地群體創業、重複創業。而國家和國有企業具有不可推卸的責任。

當然，這與資本主義、自由主義的意識形態相衝突。他們想不到，也根本無法接受。

03

美洲篇

房子綁架了美國

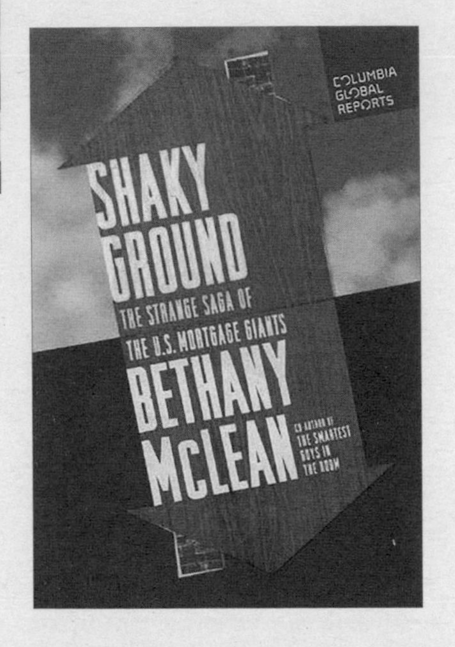

Shaky Ground: The Strange Saga of the US Mortgage Giants
作者：Bethany McLean
出版：Columbia Global Reports
（圖片來源：Amazon）

美國次按危機距今已經超過十年了，它的發源地是兩個為住宅按揭貸款提供擔保的上市公司：房利美（Fannie Mae）和房貸美（Freddie Mac）。它們成立於三十年代的大蕭條之後，使命是為人民提供廉價和長期的按揭貸款。

30年期的固定利率按揭貸款被政客和房地產行業的利益集團包裝下成了美國人民的人權，就像持槍一樣。許多智者批評這種貸款對借貸雙方的風險都太大，特別是對金融機構。兩房作為按揭貸款的擔保者，收取的擔保費從2009年的0.21%升至2014年的0.63%。鑒於壞帳比例之高，這個擔保費率明顯過低。

作者認為，兩房的存在壓低了按揭貸款的利率，並使銀行的按揭貸款可以移出資產負債表，這就推高了房價。兩房以及美國政府的冠冕堂皇的口號是為老百姓的置業提供長期和便宜的融資，可是如果它們確實人為地抬高了樓價的話，那不是正好傷害了未來的置業者嗎？

現在，美國人民的住宅擁有率約為64%，與證券化剛出現的八十年代初期相若。人口流動性增加，貧富差距拉大和生活方式的改變，意味著這個比例難以再增長。

金融機構當然希望放款給優質客戶，可是，如果優質客戶都有了房子以後，怎麼辦？只能慢慢降低貸款標準，於是次按和更多的次按必然大行其道。

其實，從一個全週期來看，按揭貸款也並不是特別好的一個生意。穆迪說，截至2013年底，美國按揭貸款的壞帳率最低的竟然是兩房的2.7%，其次是商業銀行的5.8%，最差的是專業性的按揭貸款公司，有23%！如果沒有大量的本國和外國債券投資者接火棒，不知道這些比例會怎樣。

中國的按揭貸款利率是央行的神仙們「拍腦袋」、即全憑主觀決策定的，在風平浪靜時，它的高低看不出來，但是在產生大量壞帳時，它會顯得好低。其實，八十年代，美國的整個按揭貸款行業（即千家儲蓄銀行和社區銀行）被壞帳消滅了。就像過去六、七年中國的中小企業幾乎徹底消滅了融資擔保行業和小貸行業一樣，悲壯啊！它們成了銀行的下水道。也算做貢獻吧！至於中國網絡上的騙子英雄們會不會最終消滅P2P行業，我們只能拭目以待。

美國歷界政客和官員一直把兩房當作親民和拉選票的平台。房地產行業及其上下游的利益集團也把它們用到了極致。「為人民（的住宅）服務」，這話能夠錯到哪裡去？

2008年前，兩房雖然是100%的私營企業，但是一直享受著議會和政府的呵護和隱性擔保，作為特種的批發性金融機構，它們在海內外用超低利率（僅次於美國國債）發行債券，大宗購買商業銀行和其他按揭機構發放的住房按揭貸款，並製造成衍生產品賣給世界上各種人（包括外國央行）。後來，美國投資銀行直接批量生產這種衍生工具，兩房也就成了最大的購買者之一。

壞帳太多當然是2008年兩房倒閉和金融危機的唯一原因。如果沒有壞帳，衍生工具本身無法帶來危機。2008年美國政府被迫把兩房國有化，成了79.9%的股東，把控股比例控制80%以下的原因是為了避免聯邦政府帳目合併，使得聯邦政府的赤字和負債顯得過大。20%的小股東們既無權也無利，因此兩房的股價幾乎為零。

2008年，兩房的總負債為5.2萬億美元，而資本金只有840億美元（即相當於總負債的1.62%）。近十年來，美國朝野眾口一辭：

必須想辦法消滅兩房。但是誰也拿不出一個辦法，它們太大了，萬億美元的兩房債券和日常工作誰來承接？這讓我想起中國人民對發改委或三桶油的痛恨及熱愛，可是誰能拿出一個取代它們的可行方案？

如果說，美國的房地產市場是兩房撐起來的，那麼中國的房地產是靠甚麼撐起來的？誰是中國的兩房？

美國人的浪跡天地

Nomadland: Surviving America in the Twenty-First Century
作者：Jessica Bruder
出版：W. W. Norton & Compan
（圖片來源：Amazon）

榮獲奧斯卡、威尼斯影展及金球獎等多個獎項的電影《浪跡天地》（*Nomadland*），就是根據此著作改編，說的是璀燦繁華美國的另一面。在美國社會的邊緣有幾百萬流浪者，或者叫無家可歸的人，他們中絕大多數是白人，有的受過良好教育，有些受過沒有商業價值的高等教育。他們交不起房租，當然也買不起自己的房子，因此住在露營車或者Trailer（拖車、掛車）裡面。他們沒有固定的住所、沒有固定的工作，一年到頭打零工，經常在饑寒交迫的邊緣。

這些人中不乏炒股票、炒房地產或者做生意失敗了，或者因為吸毒、賭博、酗酒、生病、離婚而變得貧困。他們中的很多人到了60多歲、甚至70多歲和80多歲還要去打零工。有時候是幫亞馬遜（Amazon）或者沃爾瑪（Walmart）在聖誕節前的高峰期打幾個星期或者幾個月的零工，有時候去國家公園照顧去渡假的人們。

他們的工資低、勞動強度極高，經常不安全，受到流氓或者警員的騷擾，也許正是因為這個原因，這群流浪漢中很少有黑人和黃種人。這些人無政府主義傾向嚴重，敢於跟警方周旋。

50年代到60年代，這群「拖車一族」（Van-dwellers）曾經被認為時髦，但是後來，他們變成了無家可歸的代名詞。他們也有了自己的亞文化、專業的網站、報刊和組織。他們社會地位低，有一些人為了躲避冬天的嚴寒，而不斷南移到佛羅里達、亞利桑那州，以及新墨西哥州，還有一些人飄到了東南亞。在泰國、菲律賓、柬埔寨，這樣的美國人不少，美國繁榮的光芒一直沒有照到他們身上。

作者還說，美國不僅有錢，而且有權隨時印錢。美國是世界上最大的奴隸主，奴隸們安在？散落在中、印、墨西哥等處。

這本書容易讀、故事性強。2021年有另一本書叫*San Fransicko: Why Progressives Ruin Cities*，作者是Michael Shellenberger。他的中心思想就是，在三藩市，由於執政者的新民主主義思想，政府放任，讓大量的吸毒者、精神病患者和無家可歸的人們在街上流浪、紮寨、吸毒、甚至毆鬥和隨地大小便。

外國觀察員們經常驚歎，中國的人均收入低，貧富差距大，可是，我們的城市裡沒有明顯的貧民窟，和成群的流浪漢。但是李克強總理在記者招待會上透露，我們有六億人的月均收入低於1,000元人民幣，這就是說，我們隨時可能爆發美國式的危機。

世界為何追捧「美元陷阱」

The Dollar Trap: How the U.S. Dollar Tightened Its Grip on Global Finance
作者：Eswar S. Prasad
出版：Princeton University Press
(圖片來源：Amazon)

這是一本理性但殘忍的書。作者 Eswar S.Prasad 是康乃爾大學教授，曾經在IMF(國際貨幣基金)駐中國表處工作，書中涉及中國的地方很多。

斷斷續續幾個月，我才讀完它，昨天我又溫習了一遍。書的中心思想是：美國的問題非常多，但是，別國不爭氣，不自信，所以，大家還是打破腦袋擁戴美國。美元是世界貨幣的轉盤得以運轉的連接器；美元是美國霸主地位的核心代表；美元是一種永續的稅；美國政府徵收本國人，也徵收外國人；越有動盪，美元越是受到追捧；美國的債務可以用更多的美元來歸還；印鈔不累。

2011至2013年，諸多窮國的官員(巴西、中國，智利及印度等)紛紛抗議，「美國的QE是一個陰謀，目的是把美元壓低，刺激美國出口。世界貨幣戰爭一觸即發」云云。但是，你看看今天：世界上最堅挺的貨幣還是美元，而窮國的貨幣，甚至歐元、英鎊都跌得一塌糊塗。那些哇哇叫的發展中國家閉上嘴巴，不說話了。後來，有些國家又在叫囂：「美國6至9月(2014年)退出QE，對新興市場是個巨大的風險。我們窮國的貨幣會遭到拋售，因為資本會大量流到利率上升的美國去」。印度儲備銀行前任行長Ranjin就多次抱怨美國聯儲制定政策時「不考慮別國」。老實講，我聽不懂他的話。難道印度或者中國制定政策時考慮了別國嗎？

回到此書中列舉的四個例子，説明美國差勁，但別國不爭氣、不自信。美元和美債反而成了安全島，永遠是安全島：

1. 2007至2008年，美國次貸危機，天幾乎要塌下來了。美國很多銀行倒閉或者垂死掙紮。理所當然，美元應該大貶，美債應該大跌。很多聰明人、包括人稱「商品大王」的羅傑斯(Jim Rogers)也這樣認為，並且沽空美元。但是，美元大漲，美債價格也大漲，沽空者斷了胳膊而退。

2. 2009至2010年，希臘危機。美元美債大漲。

3. 2011年，奧巴馬政府與共和黨控制的國會就預算赤字進行較量，導致政府幾次癱瘓。標準普爾(S&P)破天荒調低美國政府債務評級。但是，美債和美元照樣上揚。世界上傻瓜評論員經常驚呼：美國完了、慌了、破產了。去你的無知貨！

4. 2012年底，美國政府與國會再擺擂台，出現「財政懸崖」(Fiscal Cliff)。但是，世界人民再次用錢投票，投美國的擁戴票。

作者在多處反復談人民幣為甚麼只佔世界貨幣交易中如此渺小，可以忽略不計的份額(雖然是第二大經濟體)。鄙人讀了非常難受，但是這又都是事實，他説，因為國際投資者不信任中國。

在書中，作者專門就一個多年來的現象進行分析：為甚麼資本從窮國流向富國？窮國為甚麼補貼富國？學者們多年來並沒有讓人信服，他們給出的原因無非：窮國沒有財產保護、實體經濟用不掉那麼多資金，窮國的資本市場混亂和不可靠等等。

此書有一章專門講作者在IMF的中國代表處工作時跟中國人民銀行打交道的故事，我還是留給大家自己去讀，此書有不少好的分析。不過，有一處我很不滿意。他説，流通中的美鈔(和美元)在2013年3月份大約為1.18萬億美元，三分之二在美國以外。如果美國通脹每年2%，等於美國政府向外國人每年徵收了150億美元的稅收。

我對這個計算很不滿意。首先，全部的美鈔(和美元)其實都是美國政府稅收收入，而不光是每年2%的貶值部分。為甚麼？整個流通中的美鈔(美元)都是永遠不需要歸還的。它無限滾動，直到永遠。

其次，現代經濟中，鑄幣稅不光只對現金。其實整個貨幣供應量的各個組成部分的功能都是一樣的，現金和存款並沒有實質區別。如果你計算外國人持有的整個債權(包括存款和債券)，那麼外國人、外國政府繳納給美國的稅收就更大了。

讓本國貨幣成為國際(儲備)貨幣究竟是好事，還是壞事，從來就有爭議。北大教授Michael Pettis認為這是一個巨大的負擔。但也有人(包括鄙人)認為是大好事，我認為，本國貨幣成為國際計量貨幣和儲備貨幣的過程就是逼迫一個國家實行開放，透明，和法制的過程。如果你做不到開放，透明和法制，你求別國使用你的貨幣，別國也不敢。反過來，只要你做到了這幾點，你的貨幣必然是一個國際計量貨幣，和國際儲備貨幣。

中國人必須砸掉重商主義：出口是好事，進口是壞事；貿易順差是好事，逆差是壞事。要想人民幣成為國際貨幣，中國必須長期地、大量地產生貿易逆差。否則，外國人怎麼可能手持大量的人民幣呢？中國人必須挖自己信仰的祖墳。我們目前的這點心胸，只有每天給美國交稅的命(鑄幣稅)。嘴硬沒用，在外國人相信中國之前，中國人必須先相信自己，相信自己能夠在開放世界裡繁榮。

美國垃圾債券的瘋狂

Den of Thieves
作者：James B. Stewart
出版：Touchstone
（圖片來源：Amazon）

八十年代前，美國的債券市場基上本只服務大企業，但是一個中型投行Drexel Burnham Lambert不服氣，它在遠離紐約的西岸開立「高息債券部」，專門為評級低的企業發債融資，有如這颶風一樣席捲全美國。核心人物米爾肯（Michael Milken）及其團隊瘋狂工作，黑白各道一齊上，獲利極豐。米爾肯在高峰的1988年公開的獎金就高達5億多美元（注意：不是現在的美元）。他的百人團隊，多則每年幾千萬美元獎金，少則每人幾百萬。此外，團隊還秘密成立了員工合夥企業，大做內幕交易。而且，很多員工也單獨做內幕交易。

他們的模式如下：

首先，他們説服企業客戶通過他們發行債券，如果説服的過程不順利，那就賄賂。

其次，他們大膽賄賂基金經理，企業客戶和私人客戶，誘惑他們購買垃圾債券。在交易方面，鼓勵他們多用Drexel的平台。每年底，他們還游説客戶非法逃税，比如，他們用低價買入客戶持有的債券，讓客戶形成帳面虧損，減少税賦，過了埋數期後，他們再用類似的價格把債券賣回給客戶。

他們為很小的公司提供大筆債券融資，做大型的槓桿收購(Leveraged Buyout)。由於多數美國上市公司並沒有控股股東，股權分散，所以，蛇吞象的併購經常發生。

隨著市場影響力的飆升，米爾肯和他的團隊成了市場的偶像。到後來，只要一個小企業獲得了Dexel的承諾，就可以找一家大公司，說，「你投降吧。我要吞併你！錢從何來？ Drexel 給了我一封信，他們會幫我發債融資」。

這股浪潮直接推高了股市。股市上謠言漫天，CEO們心驚膽戰，不知道何方神聖何時會敲門：你下崗吧！

那時，內幕交易十分倡狂。大家覺得，江湖上要夠義氣，怎能不互通資訊呢？很多人在審判台上都不認為自己做了甚麼錯事：每個人都這麼幹的嘛！

在犯罪猖獗的1986年，美國證監會(SEC)和司法部開始調查。但是，在不能刑訊逼供的情況下，如果被調查的人拒不吭聲，政府亦毫無辦法。況且，利益共同體下的攻守同盟，以及瑞士的銀行私隱法律，以及拿騷(Nassau)、巴拿馬(Panama)及英屬處女島(BVI)等地法律，一直困擾著政府調查組。

在錯綜複雜的內幕交易網絡中，律師、投行，基金和大亨們組成的各種同盟使得政府非常狼狽。整個調查費時三年多，Dexel和他的僱主聘請了星級的公關和律師團隊，每個月的經費高達500萬美元，長達幾年！當然，政府對於媒體和輿論導向完全沒有控制(甚至毫無影響力)，在米爾肯的龐大的公關機器面前，政府顯得被動。在意識形態上，一大批美國人本身就是反政府，反既得利益的，他們認為米爾肯是震撼現有經濟秩序的猛虎，在審判米爾肯的法庭裡，他有幾百個支持者，在法庭外，人數更多。主要的報紙上，他的支持者們(企業和個人)刊登整版廣告，和文章歌頌米爾肯。

在美國，嫌疑人可以跟當局做各種談判和交易。當局的調查組需要像偵探一樣，尋找證據，很多場面驚心動魄！

書中，另外兩家投行，Kidder Peabody的悔改和跟政府的配合，與高盛的自營部主管Robert Freeman的死不認罪，以及高盛的拒不合作，形成鮮明的對比。

作為「垃圾債券大王」，米爾肯有錢，任性。他死不認罪，並且銷毀證據，逼迫下屬拒絕跟政府合作。

在中國，債券評級機構超級慷慨，評級膨脹是常態。明顯活不下去的公司也可以獲得AAA或者其他很高的評級。可以說，今天，中國幾乎所有的理財產品、信託產品、私募產品、小貸、P2P，甚至在證券交易所和銀行間市場發行的多數債券都屬於「垃圾債」。垃圾債本身不是問題。但是，忽視它們的風險就成了問題，吹捧它們超過了一定的程度就是問題。

米爾肯的超級公關機器把垃圾債券說成是美國的救星、創造就業的法寶、經濟新秩序的引擎，把米爾肯說成是天才和「國寶」(A National Treasure)，就有違事實了。

時間是檢驗真理的唯一標準。等塵埃落定時，大家發現，八十年代大量的垃圾債券違約了，發行者倒閉了，「蛇吞象」之後兩敗俱傷，高價收購來的企業難以整合，高利率也讓發行者很快陷入困境：歸還債務無門，只好發行新債。

那十年，垃圾債券基金的平均累計回報率為145%，大大低於股票基金的回報率(207%)，也低於優質債券基金的回報率(202%)。

經濟學裡面有個「囚徒困境」(Prisoner's Dilemma)：如果我告發同盟者，我得到A，失去B；如果我不告發他，而他告發我，我失去C。這本書，充滿了內幕交易者們這樣那樣的計算。

那十年，股市的瘋狂，垃圾債券的繁殖，和併購熱潮毀掉了無數老百姓的生活，即使犯罪分子的家庭也受到了巨大的衝擊。那些不眠之夜、斷送了的前程、妻兒子女的眼淚、貪婪與道德的角逐，在讀者面前展現；還有辦公室裡的政治，僥倖，和私情，環環相扣。

美國的長臂管轄

《美國陷阱：如何通過非經濟手段瓦解他國商業巨頭》
（原著為*Le pi è ge am é ricain*）
作者：雷德里克．皮耶魯齊（Frédéric Pierucci）、馬修．阿倫（Matthieu Aron）
譯者：法意
出版：香港中和出版
（圖片來源：誠品）

作者皮耶魯齊（Fr ē d ē ric Pierucci）曾是法國大公司阿爾斯通（Alstom）的三大業務之一（鍋爐業務部）的主管。2003至2005年為了獲得印尼一個電廠設備的訂單，他參與了公司對印尼議員的賄賂。美國聯邦調查局（FBI）調查多年之後，在2013年逮捕了皮耶魯齊。隨後的關押、審判、談判、轉折和絕望就是本書的內容，原著書名為*Le pi è ge am ē ricain*，它驚險又讓人大開眼界。

有幾件事值得一提：

1. 作者坦承，在整個歐洲商界，行賄是系統性的、制度化的，他只是成建制的執行者之一，不大不小。每年，法國企業甚至向財政部提交一份「特別費用」清單，以便在國際招標中經由中間人向當地官員行賄，見此書中文版的第40至41頁。在阿爾斯通，聘一個中間人需要13個幹部簽字認可。

2. 美國標榜司法獨立，但是常常用美國的霸權地位刺探外國企業的經濟情報，用抓捕外國企業高管、懲罰外國企業等辦法消滅外國企業。它在美國通用電器(GE)收購阿爾斯通的能源板塊中發揮了決定性的作用。

3. 美國司法很黑、很殘酷。

4. 美國的長臂管轄(Long-arm Jurisdiction)幾乎覆蓋全球每個角落,只要你與美國有一絲關聯,包括你的企業在美國上市、你使用了美元、使用美國的郵箱,你就受到美國《海外反腐敗法》(Foreign Corrupt Practices Act)的約束。

我不同意作者的部分分析。

1. 他拿出一些數據來批評美國的長臂管轄偏了美國企業,而瞄準了外國企業,但是他同時也承認,在歐洲,賄賂早就根深蒂固。美國的長臂管轄也不是一無是處,它對世界商界文化的淨化也有用處。

2. 美國司法部究竟有沒有跟GE串通,並協助GE收購阿爾斯通的能源板塊,作者並未拿出證據,而只是通過各種巧合來推測。而且GE後來發現自己因為此項收購而虧大了、這項百多億美元的資產幾乎全部撇帳了。所以,「贏家的詛咒」(Winner's Curse)又顯靈了,GE做了冤大頭。

3. 作者受了幾年牢獄之罪,固然值得同情,而且他在阿爾斯通的前老闆們至今逍遙法外也確實不公平,但是這並不等於作者沒罪。

我希望專門誇獎一下中文版的譯者們:譯得很通順。謝謝。

世上最大的駭客

This Is How They Tell Me the World Ends: The Cyberweapons Arms Race
作者：Nicole Perlroth
出版：Bloomsbury Publishing
（圖片來源：Amazon）

一位《紐約時報》（*The New York Times*）的記者在2021年出了一本書，談軟件和駭客，她講的最有意思的幾個點是：

(1) 世界上最大的軟件駭客是政府，特別是美國政府。他們的情報機關和執法部門在全世界找各種軟件駭客，買他們的軟件和保密，然後用來竊聽、監控以及摧毀其他國家以及部門的運營系統、操縱政府和企業。

有幾個著名的案例：一是2017年俄羅斯政府通過駭客軟件摧毀了烏克蘭的政府IT系統以及烏克蘭在海外的僑民的資料；第二個是2017年美國政府通過駭客軟件引爆了伊朗的一個核子試驗基地；第三是伊朗實施報復，通過駭客軟件侵入了Aramco 沙地阿拉伯的石油公司的網站以及系統。

(2) 這個記者在中東、南美、以色列到處訪問這些駭客的時候，問：「你們是不是只把這些軟件賣給好的西方政府呢？」有一個駭客回答：「好的西方政府？我沒聽說過。我只知道世界上最近一次轟炸別國的是美國政府轟炸利比亞。侵略者不是伊朗、中國。我們只知道美國政府是我們的最大的客戶」。

(3) 中國現在都不准本國的駭客去參加駭客國際研討會，說「肥水不流外人田」。

美伊交惡的一頁

US Foreign Policy and the Iran Hostage Crisis
作者：David Patrick Houghton
出版：Cambridge University Press
（圖片來源：Amazon）

1953年，英美（特別是美國）在伊朗操縱了一次軍事政變，推翻了首相摩薩台（Mohammad Mosaddegh）的世俗、民族政府，扶持了國王巴列維（Mohammad Reza Pahlavi）。這件事是個復辟，更重要的是，外強的干預刺痛了伊朗人的民族情緒。1979年初，伊斯蘭宗教領袖霍梅尼（Ayatollah Ruhollah Khomeini）結束在巴黎的逃亡回歸，受人民隆重歡迎，期後成為最高領袖。另一邊廂，巴列維國王逃到美國治癌，挑起了伊朗百姓的反美情緒，大學生佔據了美國駐伊朗的大使館，挾持52名人質，444天之後，人質獲釋，期間，當時美國總統卡特（Jimmy Carter）政府的最高層，CIA和軍方幾乎天天開會商討對策，並且也派營救隊去了伊朗，但是幾宗故障和事故迫使營救隊損兵而退。第二次行動準備動用千人左右，完全是一次入侵，但是，後來卡特放棄了這次行動。人質危機導致卡特連任失敗，列根（Ronald Reagan）上台，美國對伊朗的制裁至今。

此書的作者是一位國際關係教授，所以全書很嚴謹，對很多事件做了求證，也與歷史上其他很多人質事件做了比較，包括1948年美國駐瀋陽總領事館事件、1977年德國軍方到索馬里營救被巴勒斯坦綁架的人質、1976年以色列軍方在烏干達的營救行動、以及美國入侵古巴豬灣但失敗，在越南營救失敗等。

此書一環扣一環，我兩天就讀完了。很喜歡蔣真翻譯的中文版很順暢。可是，書的學術性擠掉了不少故事性。

我的幾點評論：

1. 在那444天裡，人質事件成了美國社會和政治的焦點，足見民選政府的特點。

2. 伊朗國土面積165萬平方公里，相當於十個河南省。我不明白美國的八架直升機和一架大型運輸機是怎麼飛到德黑蘭西部一個沙漠去的，而且飛行長達十多個小時，竟然未被伊朗人發現。伊朗周邊諸國為美軍提供便利，足見美國勢力強大。

3. 歐美政府對世界各國的滲透和操縱實在太嚴重了。此書講述了它們對伊朗和亞洲、非洲，及拉丁美洲各國的經濟，政治和社會的滲透。歎為觀止。

4. 這本書對美國政府各部門，軍隊各分支，諸多情報部門在處理危機時的相互關係做了有趣的描述。

美國在拉丁美洲的所為

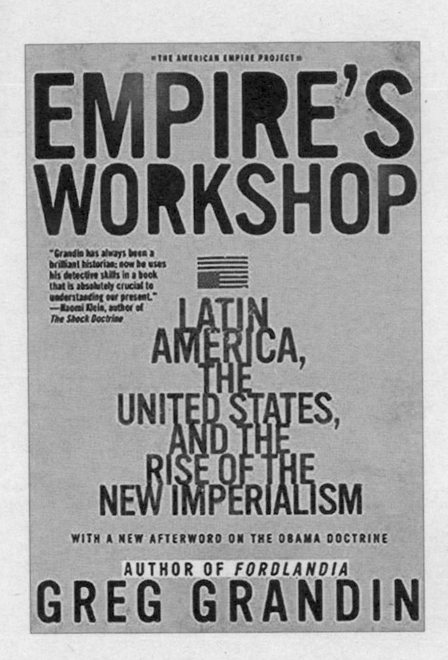

Empire's Workshop：Latin America, The United States, And the Rise of the New Imperialism
作者：Greg Grandin
出版：Holt Paperbacks
（圖片來源：Amazon）

作者是紐約大學的教授，整本書講美國對拉丁美洲的政策從來就是鎮壓、策反、暗殺、剝削。在過去100多年裡，美國侵吞了墨西哥2/3的國土面積，也在拉丁美洲多國長期佔領。到現在為止，美國在那裡還有很多軍港，還把哥倫比亞劃出一塊來，成為巴拿馬，修了運河。

起初美國把拉丁美洲當成是一個剝削礦產資源的地方，後來又把拉丁美洲當成一個市場，但是在對拉丁美洲的很多政策上，美國人完全就像地痞、流氓一樣：即使沒有經濟利益，它也要去鎮壓，或者乾脆出兵佔領，就跟地痞、流氓襲擊老百姓一樣，很可能就是看著不順眼，沒有甚麼原因，有時候可能是意識形態的原因，比如智利、危地馬拉、薩爾瓦多前領導人社會主義傾向等等就導致美國插手推翻這幾個政府。

書中也有大量的篇幅講美國侵略越南、侵略菲律賓並長期佔領菲律賓的前前後後。

美國的軍人以及中央情報局對於窮國老百姓的生命視如糞土，比如美國在菲律賓的最高指揮官Jacob Smith上校就跟他的士兵們說我不要俘虜，一律打死，打死菲律賓人，是讓我最高興的事情。

又如，美國總統麥金利（William McKinley，任期1897-1901）就曾經如此居高臨下的說，他為甚麼要命令美國侵略並佔領菲律賓？實在是不得已而為之。他說有四個原因：

第一，不能把菲律賓再交回給西班牙，因為那是沒有面子的事情。

第二，不能讓美國的商業競爭者佔領菲律賓。那就是一個壞的商業決定。

第三，菲律賓人沒有能力自己駕馭自己，自己管理自己：那會導致無政府狀態，會亂套的。

第四，美國人有當仁不讓的責任教育菲律賓人，培育菲律賓人，向他們傳播基督教，並且改良他們。耶穌為人類受難了，我們必須教育菲律賓人。

「他（麥金利）在白宮一直輾轉反側，終於想明白了這四點，然後安然入睡」。

在拉丁美洲、在世界各地，包括阿富汗、伊拉克、敘利亞、利比亞等等，美國人只要看不順眼，其實連原因都不需要，就轟炸、侵略、佔領，就派中央情報局去顛覆，或者製造動亂。有時候有政治原因、宗教原因、意識形態的原因，或經濟的原因。但是在很多時候就是流氓踢兩腳，沒有原因。這是此書的一個重要結論。作者還指出，美國的野蠻政策有群眾基礎。

美國總統羅斯福（Franklin D. Roosevelt）在當選之前曾經罵拉丁美洲人都是原始垃圾，但是上台之後又突然大談人權。作者表示不知道是甚麼導致了總統的大改變。

美國一共設計了638種方法暗殺卡斯特羅（Fidel Castro），都沒有成功，而且還策劃了反對勢力入侵古巴，後來被古巴軍隊打敗。美國中央情報局還把豬瘟引到古巴，古巴政府被迫殺死了50萬頭豬。美國政府喪盡天良、慘無人道的例子在這本書中比比皆是。在拉丁美洲，美國逮捕、關押、監禁，及暗殺幾十萬人。

美國總統尼克遜（Richard Nixon）每次提到智利的總統阿葉德（Salvador Allende）時就忍不住有氣，多次公開罵人家是「X子養的」（Son of a BXXXh）

書中寫道，過去100年，美國正式侵略拉美國家34次，這還不包括小型的由中央情報局的侵入、破壞。

墨西哥經濟為何無法騰飛？

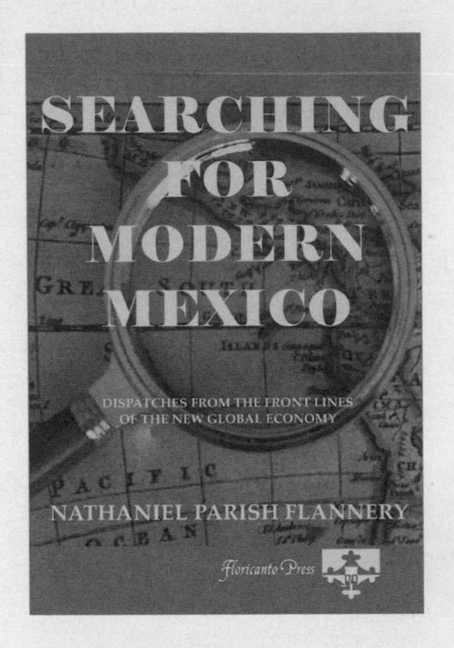

Searching For Modern Mexico: Dispatches from the Front Lines of the New Global Economy
作者：Nathaniel Parish Flannery
出版：Floricanto Press
(圖片來源：Amazon)

我幾乎是趕急地讀完了這本有趣的書。作者問，過去30年，為甚麼墨西哥的GDP增長率都在2%以下？

墨西哥緊靠著美國，而且有北美自由貿易協定(NAFTA)的支持，二戰以後的經濟基礎也相當不錯，但為甚麼經濟一直無法騰飛？雖然是經合組織(OECD)國家之一，但是從教育到基礎設施，到經濟增長率和其他主要指標，它為甚麼都落後於別的國家呢？

這本書非常巧妙地從墨西哥的最南端兩個窮省開始，講農民種咖啡、龍舌蘭、牛油果、釀酒。從各級政府的腐敗、教師協會之暴力、流氓之恐怖，作者一直寫到與美國交界的最富有的兩個州。

這本書講了很多奇妙的事情，比如墨西哥也算老牌工業國家，可它的工資水準現在比中國的還要低。在墨西哥最發達的北部兩個省，年薪超過兩萬美元的人都不多，這個1.3億人口的大國，諸多行業都存在壟斷局面，比如，電訊主要是一家；石油也是一家；銀行由幾個家族壟斷；航空、零售、化工、礦業及建築都一樣。

壟斷使得墨西哥效率低下，產品價格昂貴，也使得小企業不敢成長為中型企業，因為一旦成為中型企業，就會遇到巨頭的封殺。

作者的一個結論是，墨西哥必須全面改革經濟結構，不是像某些學者們所說的要搞基礎建設，或者改善教育，而應該抓緊打破壟斷、創建中型企業、培植中產階級。

我國的國有企業制度雖然同樣低效率，也產生了很多腐敗和壟斷，但是，國有企業之間相互競爭也是一種競爭，而且中國在某些程度上避免了墨西哥企業的規模不經濟和經營範圍不經濟(Diseconomies of Scale & Scope)。也許墨西哥可以考慮扶持大工業和大服務業，在大服務業方面，加盟連鎖也是一個出路。在中國，加盟連鎖(特別是緊密型的加盟連鎖)正在如火如荼的發展，這在一定程度上可以減少散兵游勇的規模不經濟。

書中有幾個數字讓人震撼。墨西哥這麼大的國家，僱員人數超過50的企業只有1萬間。而小微企業就有300萬家。除此之外，都是散兵游勇；在街上，打一槍換一個地方。

巴西人的致富三字經

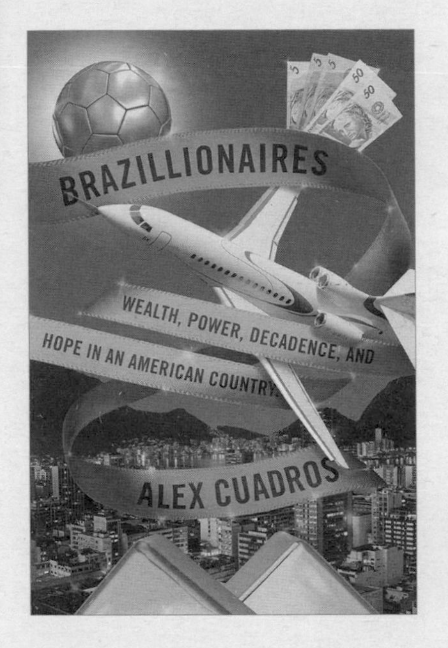

Brazillionaires: Wealth, Power, Decadence, and Hope in an American Country
作者：Alex Cuadros
出版：Random House
(圖片來源：Amazon)

一個國家有多腐敗，也許只要看看首都的人口增長速度和財富即可。巴西的首都巴西利亞(Brasilia)是六十年代完全人造的一個城市。可是，由於遊說和尋租的需要，這個新首都現在已經有三百多萬人，而且是南美洲人均收入最高的城市。

作者住在巴西多年，專門為彭博(Bloomberg)研究當地的巨富人群，有一個驚人的發現：巴西雖然民不聊生，但是十億美元以上身價的巨富很多，而且沒有一個人與科技有關，絕大部分來自建築行業，政府基建工程是致富的不二法門。礦業雖然也出了幾個巨富，但是他們的財富來得快，消失的也快。

作者發現，一個政府越是腐敗，越是熱衷於產業政策：扶持一些行業(或地區或企業)，限制另外一些行業(或地區或企業)。不管他們的藉口多麼冠冕堂皇，他們的骯髒勾當都是一樣的：既扼殺效率，也犧牲公平。權利和腐敗都躲在產業政策的背後，公私聯營的最佳翻譯是官商勾結，批文程式越複雜越好，最好一年一複審。牌照年檢恨不得改成月檢。

在巴西，從政一直是致富的風口，大量的官員的巨額財富都由代理所持有（即是白手套），當官的和當議員（即是人民代表）的成了致富最快的職業，當然也是高危職業。

作者發現，巴西的種族歧視有一個硬指標，在百萬美元身價的人群中，沒有一個黑人（或土著人），體育明星除外。

宗教（含千奇百怪的邪教）是發財的第二個永久風口，它們的理論基本上可以歸納成三句話：你的痛苦和貧困都是因為不信教（或不虔誠），要改變命運，必須奉獻一切（主要是金錢）給上帝，我們教會是上帝的總代理。

書中資料極為豐富，故事描述饒為有趣，非常適合在航班延誤時閱讀，以消除你的焦慮。

04

歐洲篇

俄國商人的保護傘、權鬥及毒殺

Once Upon a Time in Russia: The Rise of the Oligarchs —— A True Story of Ambition, Wealth, Betrayal, and Murder
作者：Ben Mezrich
出版：Atria Books
（圖片來源：Amazon）

這本驚心動魄的英文紀實著作，最適合長途飛行的人們。大家曾聽說過的特工被毒殺、英超球會班主及俄羅斯官商權鬥的故事，在這本書娓娓道來。

俄國有句俗話，官府有人好辦事兒。商人的保護傘（Krysha，直譯為「屋頂」）比營業執照更重要。

90年代初，汽車經銷商列佐夫斯基（Boris Berezovsky）已經很富有。某天，他的座駕被競爭者的炸彈炸毀，司機身亡，他自己也受了重傷。這令他知道了「屋頂」的重要性。

他利用私人會所，跟葉利欽（Boris Yeltsin）總統的保鏢打得火熱。後來，湊巧的是，他贊助的某報社的小記者受邀為總統寫傳記。而且，這個記者還跟總統的女兒談上了對象！於是，總統成了列佐夫斯基的「屋頂」。

列佐夫斯基很快用低價收購政府 ORT電視台的49%股份，並且成了實際控制人。另外，他還成了俄羅斯航空(Aeroflot)的實際控制人。風頭一時無雙。

其他商人像蜜蜂一樣，開始圍繞列佐夫斯基團團轉。其中一個十分低調，乳臭未乾的商人拜上門來，甘願當列佐夫斯基的弟子。這位弟子有個大膽的主意：把政府的石油公司和煉油廠(央企)整合到他私人的石油貿易公司之下(俄國式的公私合營)，由他控制，好處是：弟子每年給師父進貢3,000萬美元。

事情很快就辦成了，那幾年，他還跟聯邦安全局(前身為情報機關KGB)局長普京(Vladimir Putin)混得很熟。

當年聯邦安全局有一位情報員利特維年科(Alexander Litvinenko)，他違規到這位「老商人」列佐夫斯基的公司裡兼職，協助擺平糾紛及調查對手等等，以幫補生計，這種現象雖然違規，但在當時很普遍。某日，利特維年科在聯邦安全局的上司指示他幹掉這位「老商人」。這是誰的指令？這位情報員心中還是有正義感的，他認為，暗殺是前蘇聯時代KGB的一貫行事方式，必須杜絕，遂將之告訴了他的「業餘老闆」。列佐夫斯基以為自己有葉利欽做後台，就可以為所欲為，為了保護自己的性命，也為了警告對手，他帶著這位情報員跟普京投訴。普京表面上答應調查，但是並未採取行動。老商人等不及了，竟然通過自己控制的電視台控訴聯邦安全局，掀起了媒體風暴。

後來，總統換屆選舉。為了讓葉利欽總統連任，ORT 電視台立下了汗馬功勞。葉利欽在他的總統任內換了6個總理。這6個總理要麼無能，要麼跟國會關係太僵。列佐夫斯基 有極高的政治嗅覺。他覺得葉利欽似乎看好普京，而且，他本人也看好普京，於是，他通過電視台極力吹捧普京，讓普京欠他一個人情。

1999年底，葉利欽的任期只剩下了6個月，身體很差(酗酒及患心臟病)。這時，無論葉利欽和普京都沒有一個政黨作為支持平台。在選民中，葉利欽的支持率低於10%。而普京呢，大家幾乎完全不認識。

1999年底，葉利欽突然宣佈辭職，讓普京做代總統。為了確保普京在幾個月後的換屆選舉中勝出，列佐夫斯基還幫助普京成立了一個政黨The Unity Party。由於這一系列的安排，普京在選舉中打敗了本來遙遙領先的競爭對手All-Russia Party。

但是，普京政權不是傳統的官商勾結的簡單延續。甫上台他就原形畢露。他宴請一眾富商，但不包括列佐夫斯基，席間他輕聲細語，發佈了通牒：「你們只許經商，不許干預政治。否則的話……」在另外一個場合，普京還說，政府在商人的頭上懸著一根鐵棒，隨時可以發威。

不知道甚麼原因，列佐夫斯基突然不再老練，不再見風使舵，他通過電視台，大肆攻擊普京總統。2000年俄羅斯核潛艇「庫斯克號」爆炸事故也成了ORT電視台攻擊普京的理由。總統府邀請列佐夫斯基到總統府談話，告誡他不要太過份但無效，聯邦安全局的警告也無效。

聯邦安全局開始調查列佐夫斯基的財務和稅收情況，並且威脅要拘捕航空公司的總經理，即是他的生意搭檔。政府還決定，收回電視台的實際運營權。列佐夫斯基感到不妙，攜同妻小、保鏢和僕人逃到了他在法國南部的莊園。後來，他們又搬到了倫敦。

回到普京擔任聯邦安全局長的後期，他開除了那個大膽出位的情報員利特維年科，並且讓他坐監8個月。後來，他也隨著列佐夫斯基逃到了倫敦。

至於列佐夫斯基的弟子才是真正的見風使舵高手，他看到師父跟總統交惡，當然偏向總統。他這時已經是俄國首富，他急總統之所急，把電視台的49%股份從師傅手上買了過來，並且私底下付了13億美元給師父，也許算是劃清界限的代價，也許算是過去的「屋頂」租金，又也許是……

2006年在倫敦，利特維年科突然死於一種放射性的元素「釙-210」(Polonium-210)。這在世界上聞所未聞，引起了西方政府和媒體高度關注。普遍認為，這是普京授意的，或者是手下膽大妄為，在利特維年科的食物中放下了釙。但至今，這還是個懸案。

幾年來，在倫敦，列佐夫斯基逼著他幾十年的生意搭檔Badri不斷操縱格魯吉亞的政治。格魯吉亞是前蘇聯的一個共和國，Badri的祖籍就是格魯吉亞，而且他在當地很有聲望，他很不情願地參加了總統選舉，但是，競選對手不知道怎麼弄到了列佐夫斯基指示Badri賄賂選民的錄音帶，導致Badri身敗名裂，只獲得了10%的選票。不久，Badri在倫敦的家中因為心臟病突發而死去。

至於當年列佐夫斯基的弟子、後來投靠普京的，就是俄國富豪、亦是英超球隊車路士班主阿巴莫域治（Roman Abramovich）。2011年，在倫敦的列佐夫斯基突發奇想，狀告這位前弟子。他說多年來指導這個小子，並且跟他有過口頭協議，小子的企業有一半股份歸師父。為此他索賠53億美元，但他不幸敗訴。

2013年，60多歲的他託人給普京寫了一封信，請求寬恕，請求讓他落葉歸根。當然，他沒有收到回音。這時的他，錢也不多了，面子和地位也沒有了，他選擇了自殺。

這本書最美妙的地方是探討人的心理活動：生意場的人們在追求甚麼？只是錢嗎？他們的算盤是怎樣打的？

超現實的俄羅斯

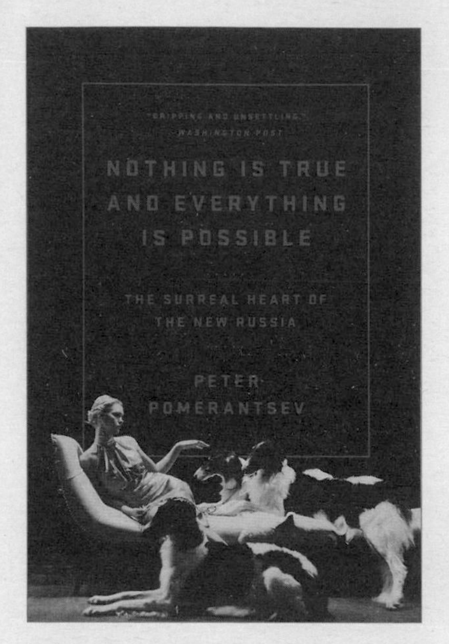

Nothing Is True and Everything Is Possible: The Surreal Heart of the New Russia
作者：Peter Pomerantsev
出版：PublicAffairs
（圖片來源：Amazon）

十多年前，作者還是一個俄羅斯小夥子，剛從英國的大學畢業，回到了莫斯科工作。從擔任電視台助理到製片人，他看到了俄羅斯令人目瞪口呆的變化。他認為，這個社會的多面性和墮落，實在是無可救藥。

他寫了這本新書，記載了他的見聞和困惑。

(1) 俄羅斯的權貴一邊大罵歐美國家的黑暗和虛偽，一邊把妻兒子女和資產都搬到歐美。在政府機關裡，大家天天重複那些連自己都不相信的謊言。這些年，在俄羅斯，化妝晚會大行其道，也許因為大家發現生活中的矛盾太多，假面具太多。於是，大家說，人生只是一場遊戲！一點也不奇怪，邪教就像雨後春筍一樣。

(2) 克里姆林宮一邊鼓吹透明、高效率以及平等，一邊打壓反對派。官方還扶持幾個反對派，但他們不過是花瓶而已。有些反對派完全是官方贊助的跳樑小丑。

(3) 電視台的新聞和娛樂都受到克里姆林宮的密切監視和控制，

雖然外表上，政府極力顯示公平競爭，娛樂和親和力。

(4) 雖然作者天天看到社會的黑暗和不公，但是他的上級領導反復跟他強調，要多找「積極和正面的故事」。

(5) 上級命令：對政府，電視台必須多做「小罵，大幫忙」的節目。

(6) 警員隨時可以在街上檢查行人的護照和身份證。作者多次被逼行賄(因為忘記了帶護照)，而且，他還必須說，「這點錢只是為了表示對你的尊重」。原文是這樣的：警員攔住了作者，作者戰戰兢兢地問"May I use this opportunity to show a sign of my respect for you?"

"Of course you may."(第151頁)

作者幾乎永遠無法通過駕駛執照的考試，最後，當然，也是通過「表示尊重」而解決問題。電視製片公司名義上是獨立商業機構，但是實際上都由官員和電視台的領導私下控制。你製作的電視片想被錄用嗎？可以，只要你跟領導分潤，就行了。

大量國有企業經過折騰很容易就轉到了官員和朋友的名下。土地和國有資產的拍賣往往受到操縱：不是勸退，就是逼走競爭者。

(7) 名義上，私有財產收到法律保護，但是，如果不小心，財產很快就可以充公。富豪歐柏嘉(Oleg Deripaska)就公開表示效忠普京，他的所有財產，如果普京總統需要，隨時就是普京的。他的著名說法是：「我的財產都是國家的」(All I have belongs to the state)(第50頁)。

政府總是強調「一切都在向好」，可是作者怎麼就是感覺不到。

書中詳細描述了在莫斯科的二奶村，以及二奶(Gold-Diggers)與富商們(Forbeses)的各取所需。那些「被欺淩與被侮辱的」人們，大多來自外省和周邊的共和國。作者對她們和家人給予了無限的同情。

書中還描述了大量冤假錯案：政府監管的隨意性、警方的殘酷無情、監獄的悲慘，和老百姓的無助。

當今的俄羅斯，青年人像逃避瘟疫一樣，逃避服兵役。方法無非是賄賂醫生開具虛假的「不健康證明」，或無限期地攻讀多個學位。當然，很多老百姓找不到合適的藉口，或者無能力賄賂醫生或者軍官。

東歐國家有個共通點：政府喜歡編造各種「陰謀論」，把所有能夠想像的壞事歸結為外國人和外國政府的陰謀。當然，老百姓也是愚昧得可憐。

1971年，作者本人的媽媽到布拉格旅行，被捷克人從餐館裡轟了出來。他媽媽感到很奇怪：我們俄羅斯軍隊剛剛（1968年）「解放了你們」，你們不思感激，反而這樣對待我們？後來，他媽媽才知道，蘇聯的媒體故事全是騙人的！

俄羅斯會敗於甚麼？

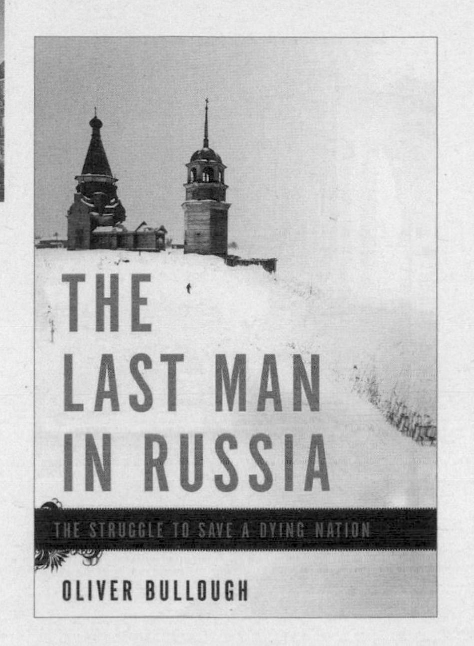

The Last Man in Russia：And the Struggle to Save A Dying Nation
作者：Oliver Bullough
出版：Basic Books
（圖片來源：Amazon）

我讀完一本俄羅斯遊記*The Last Man in Russia：And the Struggle to Save A Dying Nation*，書太深奧，我也許理解了一半。

說是遊記，其實是作者Oliver Bullough的一個研究項目。他追尋兩個死去的教父的足跡，到俄羅斯的北極和很多偏遠城市考察幾十個教堂和蘇維埃時期的勞改營，那是一幅幅令人壓抑的圖像。

自然風景當然不是書的重點。重點是蘇維埃政府從1917年以來，如何鎮壓異己，高度統一思想，如何把教會變成徹頭徹尾的玩物，如何創造和培育互相告密的文化。1991年，情報機關KGB的最後一任副主席Anatoly Oleynikov承認，大約只有15至20%的神職人員拒絕擔任間諜，而那時的兩個大主教，Pimen和Alexy II都是KGB的間諜。

蘇維埃政權對農村的高壓和盤剝，使得很多村民更願意在德國納粹統治下生存。

今天的俄羅斯，即使在早班汽車，和早班地鐵上，你也可以看到喝烈酒的男女，吃早餐也可以點烈酒，人們覺得不往死裡喝，不夠意思。這位英國記者從1999年以來一直駐紮在俄羅斯，他問了一個問題，為甚麼俄羅斯人會這樣？

八十年代，戈爾巴喬夫(Mikhail Gorbachev)當政的時候，曾經採取過一些措施限制喝酒，限制賣酒。但是後來，那些不受歡迎的措施都瓦解了。

這幾十年，俄羅斯的人口一直下降，人口的平均壽命也大大低於相當收入的國家，而且，由於「外因而死亡」(自殺，他殺，和車禍等)的比率跟安哥拉，塞拉里昂和剛果類似。

作者認為，這種現象的根源在於：

1. 幾十年的蘇維埃的高壓讓人們覺得無望，「事事都要得到批准」。於是，喝酒成了一種「自由」。
2. 間諜和告密成了主流文化，大家無法喘息。最近二十年，突然有了鬆動，大家覺得總算有了點自由，但是，他們又看不到未來，於是，大家喝酒找樂子，建立「同盟」。
3. 官場的不誠實，和商場的撒大謊，已經根深蒂固。大家既厭惡，又表示無能為力。於是，明知道喝酒太多會傷害身體，但是偏偏要往死裡喝。

作者大膽預言，俄羅斯作為一個國家，終究會因為喝酒而消亡。

竊以為，作者對喝酒文化的解釋有點牽強，但是，作者以此為起點，追尋蘇維埃的歷史，其中有很多讓人開眼界的地方，作者的預言也太過激烈。

書的第二部分，講述普京如何玩弄權術，操縱選票，踐踏民意，第二次擔任總統，值得一讀，儘管你不同意作者的觀點。我從另外的資料上看到，普京的選票很高(也比較受擁戴)。所以，作者的批評也許沒有道理，而且，「有甚麼樣的人民，就有甚麼樣的政府」，這話可能是真理。

書的另外一個話題，就是俄羅斯人的種族歧視 。作者大談俄羅斯人如何在百多年前開始欺負和鎮壓猶太人和穆斯林人，把所有的煩惱，和痛苦都歸罪於這些人和外國人。當然，這是全世界所有統治者樂於為之的事情。只是在俄羅斯，程度特別嚴重而已。

書中描述最多的外景詞語是：廣袤、森林、冰天雪地，和寂靜。對於我我們中國人來講，那是一個不同的世界。

普京經濟學江郎才盡？

Putinomics: Power and Money in Resurgent Russia
作者：Chris Miller
出版：University of North Carolina Press
（圖片來源：Amazon）

普京1999年當政以來的首十年還算順風順水，涉及5個原因：(1)他的前任葉利欽做得太糟糕了，或者説葉利欽太不幸運，經濟動盪過大；(2)老百姓受了幾年的震盪之後，期望不高；(3)石油價格上漲；(4)「治理邊疆」(收復車臣等)有功；(5)與西方關係融洽。

所以俄羅斯的經濟增長率一直在5%以上。而且絕大多數巨富都選擇了留在俄羅斯繼續奮鬥；外商直接投資和間接投資也比較多，因為俄羅斯在大宗商品方面有得天獨厚的條件。所以普京的名望很高。

可是2008年的美國金融危機讓俄羅斯受到了重創，特別是它的金融系統。這時大家才發現俄羅斯外債累累，前十年普京的政策非常簡單：就是給老百姓和退休人員加工資加福利，比如退休金的增長每年都是雙位數。這時他突然發現財政赤字失控，因為俄羅斯經濟依靠大宗商品，税收基礎相當單薄。從2014年開始，石油價格在下跌，也暴露了俄羅斯經濟的脆弱和單一支柱。另外，由於俄羅斯干預烏克蘭以及佔領克里米亞，西方對俄羅斯開始實行了各種制裁。加上俄羅斯十年高速成長拉高了基數，拉高了老百姓的期望。因此從2014年以來，俄羅斯的經濟每況愈下。

俄羅斯現在面臨4大問題。第一，即使在大宗商品方面，俄羅斯企業的效率也很低，成本太高。

第二，國土遼闊，大量的企業散落在三線工廠或者戰備小鎮，運營成本很高，運輸成本很高，因為他們離市場太遠。

第三，由於與歐美的關係惡化，因此在市場准入方面也是一個問題；吸引外資也變得越來越困難。

第四，在大宗商品和軍工之外，很難找到幾個像樣的企業。創新能力差。腐敗嚴重。銀行壞賬太多。

對抗普京的富豪

Red Notice: A True Story of High Finance, Murder, and One Man's Fight for Justice
作者：Bill Browder
出版：Simon & Schuster
（圖片來源：Amazon）

跟俄羅斯有關的書，要麼悲哀，要麼驚險。最近，我讀了英文書 *Red Notice*，兩者兼有。我幾次為之下淚。

作者布勞德（Bill Browder）出生於1964年。他爺爺曾經是美國共產黨主席，受到麥卡錫主義的迫害。九十年代初，他從史丹福大學畢業後，去英國做管理諮詢，正趕上蘇聯解體。他去波蘭為一家快要倒閉的汽車廠做諮詢。他既不會波蘭語，也不懂經商，笑話百出。

後來，他發現了金礦：俄羅斯的大量國企正在私有化，每個公民都有一分「股權證」。這些證件被公開地，惡劣地賤賣。政府甚至開辦了相關的交易所。一卡車一卡車的實體「股權證」從外地運來、點算、交收，再由保鏢押運到他處。很多股票只有一倍的市盈率，或者更低。

這讓我想起八十年代我在中國人民銀行總行工作時，我的46元月薪要被強行扣掉10元買國庫券，而且這些國庫券還在北京的三里河和西單等地被半價甚至三折買賣。布勞德當時跳槽到一家投資銀行工作。他試圖說服僱主投資這些「股權證」，但是，投行沒有眼光。他其後辭職、設立基金、說服投資者，賺得大錢。在有些股權上，他的利潤是幾百倍。他管理的基金曾經大到幾百億美元。

他說服有限合伙人（LP）投資者的過程，很有趣味。他完全不懂俄語，也完全不懂俄羅斯歷史、文學及政治等等。但是，他的調查的方法一流，他跟官僚，警方，和地痞打交道的手段實在讓人折服。

那些年，大量的俄羅斯企業被低價轉到了官員，軍人和流氓的手上。很多公司上市之後，大股東大要流氓，玩弄財技，榨乾小股民。作為機構投資者（小股東），他多次抗議大股東的偷竊，並通過媒體，當地政府和外國政府的壓力，阻止了很多大型上市企業對小股東的剝削。但是，他終於得罪了太多官僚，警方和流氓。

有組織的流氓團體跟警方聯手對付他，炮製了一系列冤假錯案。他在莫斯科的辦公室被搜，他被限制入境，他迅速把財產和核心人員遷移到倫敦。

在調查中，他和團隊還發現俄羅斯的大量稅務局官員涉及幾億美元的偷竊，以及警方的貪污、假證供，奢華生活，在瑞士的巨額銀行存款和多處房產。

這些官員和流氓到倫敦跟布勞德談判。威脅、偷聽器、干擾器、暗語、保鏢，峰迴路轉。根據媒體報導，俄羅斯的殺手確實在倫敦暗殺過幾個線人，包括為作者提供線索的一位俄羅斯銀行家。

俄羅斯的官員和流氓變本加厲。布勞德在俄羅斯的律師被抓，在長期酷刑之下，他的律師死於監獄。作者展開了為其三年多的全球遊說，2012年，美國國會終於通過了一個法律，制裁65名俄羅斯官員，限制他們進入美國，並且凍結他們在美國的財產。一年後，歐洲議會也通過了類似的立法。俄羅斯政府想盡辦法，阻止這兩個法律的通過，終究失敗。

在俄羅斯境內，大量的民主人士，媒體，和反對黨也不斷給普京和總理施加壓力，要求調查，平反，和處理相關人員。但是，作者認為，在俄羅斯的所有這些鎮壓和迫害都是普京直接指使的。

全書文筆精彩，易讀，中間附有照片數枚，包括2012年奧巴馬總統簽署法律，制裁65名俄羅斯官員，以及普京2012年在記者招待會上，大發雷霆，聲稱俄羅斯以後將不准美國人到俄羅斯領養孤兒。

2012年，俄羅斯法庭審判作者和他已經死去的律師。作者在缺席的情況下被判8年監禁。

2013年，俄羅斯政府發出「紅色通緝令」，申請國際刑警組織拘捕作者，但是，被國際刑警組織否決了。俄羅斯政府再次申請，也被否決了。

書中精彩之處很多，其中包括作者怎樣跟英美政府的各部門和議員們打交道的全過程。

書中講了一個俄羅斯寓言。一個俄羅斯人求神讓他實現一個願望。神告訴這個俄羅斯人，「你要任何東西，我都可以給你。不過，我成全你的同時，必須給你的鄰居雙倍」。這個俄羅斯人說，「那就請你挖掉我的一隻眼睛」。

蘇聯連環的歷史偶然

The Struggle to Save the Soviet Economy: Mikhail Gorbachev and the Collapse of the USSR
作者：Chris Miller
出　版　：The University of North Carolina Press
（圖片來源：Amazon）

1982年，戈爾巴喬夫（Mikhail Gorbachev）已經是蘇聯政治局委員。他對總書記安德洛波夫（Yuri Andropov）說，想看看國家預算的基本數字。安德洛波夫驚叫：「你要的太多了！」

戈爾巴喬夫傻了：我作為政治局委員，都無權看到詳細的國家預算？

只有到1985年他當上總書記以後，才發現國家預算千瘡百孔。當年蘇聯的統計數字，宏觀、微觀，都是一塌糊塗。不光是保密的問題，而且是胡編亂造。美國CIA對蘇聯的統計數字獨立地做出估計。他們想，在克里姆林宮，至少有人知道真實的數字，結果後來發現，誰也不知道真實的數字。

50至60年代，蘇聯的經濟增長率還是不錯的。所以大家對計劃經濟的信心比較堅定，不過到了80年代，蘇聯經濟開始下滑。匈牙利、南斯拉夫、波蘭、羅馬尼亞開始實行小規模的經濟改革。蘇聯高層十分關注，希望能夠從中學到經驗教訓，可是東歐很快出現了通貨膨脹和外債問題，蘇聯高層意識到東歐的改革模式不可持續，必須學習歐美。

但是戈爾巴喬夫和他的副手利加喬夫(Yegor Ligachev)對西方的資本主義一直抱有懷疑態度，特別是害怕失業、不均等。

那時候，日本的崛起使蘇聯領導人開始懷疑美國的霸主地位能否持續。日本的模式帶有公私合營的性質(PPP)，而且蘇聯領導人當時對美國有一個巨大的誤判，認為美國在走下坡。

這個誤判當初在歐美很多學者中比較普遍，大家認為日本的崛起會威脅到美國，而且美國以農產品和輕工業的出口為主，那個時候蘇聯卻是以重工業為導向的，蘇聯人認為重工業更加重要。

蘇聯人認為，美國的貿易赤字將是美國衰敗的源頭，可是他們根本無法理解甚麼叫印鈔機，甚麼叫平台經濟。美國的貿易赤字和國債越來越大，可是這都是不需要歸還的，其實，今天的中國官、學、商也在做同樣的誤判。

日本的經濟雖然繁榮，但是它只不過是美國平台經濟上的眾多玩家之一。韓、中、印也都只是另外的玩家，日本的汽車工業、消費電子行業以及所謂的通產省(日本經濟產業省前身)的經濟計劃讓俄羅斯人佩服得五體投地。蘇聯人本來就是搞中央計劃的，所以他們一看日本人的通產省的所謂的產業政策，就傻了。

70和80年代美國經濟的所謂滯脹也給了蘇聯人一種錯誤的自信，他們越看越覺得馬克思說得對：資本主義正在自掘墳墓。這就是心理學上的典型案例「確認偏誤」(Confirmation Bias)。

蘇聯的倒台不是因為輸給了美國，而是自己搞死了自己。它的經濟結構頭重腳輕，不倒台也得倒台。比如，經濟中有三個非常重要的部門，誰也不敢碰：軍工集團、能源集團和農工集團，軍工集團佔預算開支的40%，佔GDP的20%。戈爾巴喬夫上台之時，有高官慫恿他提出削減軍工集團的規模。戈爾巴喬夫回答，「我不敢，如果我提這件事情，我的政治生命就完蛋了」。軍工集團被認為二戰期間立了功，所以可以永遠專橫霸道。

蘇聯搞計劃經濟時間太長了，價格管制成了習慣。雖然供求關係早就變化了，但是他們拒絕把價格開放，結果導致商店裡到處都是短缺。有一個蘇聯經濟學家計算，人們在商店裡排長隊浪費的時間，折合成金錢相當於人均收入的75%！

花了三天時間，讀完了這本非常精彩的書。這是市面上唯一的比較中國經濟與蘇聯經濟的專著，而且有趣、不枯燥。它以經濟為主線，以政治為背景，這本書的大結論、小結論都非常多，資料豐富，例子也很多。

大家都喜歡說「歷史必然」，但作者說，歷史是無數偶然組成的。總書記安德洛波夫身體不好，在台上只有一年半時間。而戈爾巴喬夫是一個紳士，如果他是一個霸道的人會怎樣？如果他把葉利欽（Boris Yeltsin）安排去擔任駐美國大使或者駐英國大使又會怎樣？如果戈爾巴喬夫把幾個政治局的政敵捉起來，放到監獄裡又會怎樣？

很多人認為，如果蘇聯從頭到尾學習中國的經驗，就不會解體。作者認為這話完全不對。戈爾巴喬夫1985年上台以後一直在學中國，但是阻力太大。作者給了很多例子。戈爾巴喬夫早就想搞家庭聯產承包制，可是蘇聯的農民早就是農業工人，他們的工資與產量不掛鉤，與利潤不掛鉤，而且每年獲得各種政府補貼非常巨大，所以要把集體農莊改成家庭農莊，在政治上根本不可能，而中國農民熱烈擁抱了人民公社的解體。

軍工集團憑著二戰的戰績，在蘇聯社會非常霸道、效率低下，可是誰也拿它沒有辦法，只怪史達林當年沒有大力削減國防開支。布里茲涅夫（Leonid Brezhnev）稍微有點權威，但是他選擇隨波逐流，而沒有裁軍，也沒有削減軍工集團的勢力。

1993年葉利欽威脅要用大炮打克里姆林宮，這才給了軍方一個下馬威，加上軍方在1991年綁架、劫持了戈爾巴喬夫，也使軍方的威信大跌。沒有這些偶然的事件，葉利欽後來根本沒有能力削減軍方的勢力。

戈爾巴喬夫從頭到尾就非常關注中國的經濟特區、集貿市場、小商小販，可是蘇聯人從1917年就開始搞社會主義，六、七十年以後，他們把社會主義當成了一個宗教。

蘇聯人非常害怕小商小販、民營企業、家庭企業，害怕工人受到剝削，害怕資本家賺取剩餘價值，可是中國人在改革開放之前，實行社會主義的時間短得多了；社會主義並沒有成為一種宗教信仰，況且中國人非常靈活，心裡知道資本家（包括外資）會賺取工人的剩餘價值，會剝削工人，但是我們嘴上堅決不承認。我們的詭辯、自欺欺人遠超過蘇聯人。說一套做一套，我們才繞開了死摳的宗教。

內容太精彩，很多地方我沒有辦法解讀。此書不會有中文版。

歐洲引入移民的隱憂

The Strange Death of Europe：Immigration, Identity, Islam
作者：Douglas Murray
出版：Bloomsbury Continuum
（圖片來源：Amazon）

這是一本政治上非常「反動」的書。這也是為甚麼由2018年出版以來、此書雖然已經被翻譯成34種語言出版，但是主流政客和媒體一直未對此加以評論。

它的核心思想是：長期以來，歐洲人似乎帶著對過去的負罪感，以及贖罪的心情，太快地接受了太多難民，以及太多經濟移民。倫敦目前外來的人已經超過所謂原住民。在歐洲諸國，這個趨勢也非常明顯。中東和亞洲、非洲來的人不僅生育率更高，他們攜家帶眷移入更是勢不可擋。關鍵是歐洲政客們由於受到極左意識形態的影響，以及他們以前政策的慣性影響，已經無法扭轉其言論和政策。有些膽敢挑戰歐洲移民政策的人長期受到恐怖分子威脅，長期生活在警方的保護之下。

2015年德國政府接納了100多萬中東難民以及摻雜在難民中的經濟移民。這不僅影響了德國的後續政策，也影響著整個歐盟的後續移民政策。作者認為歐洲已經沒有勇氣和能力為自己的利益辯護。他形容，歐洲好比受虐狂，而難民和經濟移民好比施虐狂。

歐洲移民的速度如此之快，導致了各種問題，但是任何政客，或者媒體只要指出這樣的問題，討論這樣的問題，就很容易被扣上種族主義、納粹主義和極右派的帽子。

作者說，移民越多，歐洲選民的結構變化越快。而且，他說伊斯蘭教是一個非常難以與其它社會相融合的宗教。他認為他這番說話，沒有主流政客或者媒體敢承認或者敢與他討論。作者說歐洲人究竟要一直道歉多少年？澳洲人究竟要道歉多少年？難道奧斯曼帝國從來沒有慘無人道的行為嗎？難道別的國家、別的朝代、別的地區在歷史上沒有同樣的滔天罪行嗎？為甚麼甚麼只有歐洲人背著沉重的枷鎖，而別的國家連承認都不肯承認呢？

他說再過幾十年，歐洲諸國的原住民會發現，他們在自己的家園裡成了少數民族，這帶來的社會矛盾以及經濟矛盾是不可低估的。源源不斷的移民也拉低了歐洲當地的工資，消耗了歐洲的國庫。

德國是怎樣運轉的？

Why the Germans Do it Better: Notes from a Grown-Up Country
作者：John Kampfner
出版：Atlantic Books
（圖片來源：Amazon）

默克爾（Angela Merkel）執政德國16年以後，於2021年將權力移交給新一屆政府。在這個轉折時刻，這本同年9月出版的新書的出版具有直接的意義。它對德國最近70多年的方方面面進行了詳細的描述、分析和點評。內容包括：

1. 德國如何從希特拉的陰影中走出來。
2. 東德的秘密警察制度、西德如何吸收合併東德，並且對它進行完美的整合。
3. 德國的種族主義勢力以及政府和社會採取的應對措施。2015年以來如何歡迎百萬難民。
4. 歷屆政府政策上的優缺點。
5. 它與美國和歐盟其他國家的多邊關係。
6. 書中特別分析了它與蘇聯和俄羅斯的關係。以及與中國的政治、經濟關係。
7. 書中對於德國的環保政策、文化藝術、教育、經濟政策做了很詳細的點評。

作者是在英國長大和工作的德國猶太人。我認為整本書很公正。我了解了很多以前不知道的事情。

這本書值得翻譯成中文。最精彩的內容是講西德整合東德、以及與中國的關係。

說起德國的成功，我不能不強調兩點，第一，德國的收入分配比較均等。

第二，德國的金融體系被不少國家仿效。

這裡我們簡要介紹另外兩本書，做一個對照。

德國的人民資本主義概念

Stakeholder Capitalism: A Global Economy That Works for Progress, People and Planet
作　者：Klaus Schwann, Peter Vanham
出版：Wiley
（圖片來源：Amazon）

此書有一個優點、一個小小的不足。

優點是：作者用非常樸實的語言展示了他對人民資本主義的看法。他們的重點話題是世界貧富懸殊、環境惡化、企業利益最大化而忽視了小股東、員工和客戶。國家與國家之間除了赤裸裸的利益關係，大家談不上真正的合作和互相幫助。在某些國家，城鄉差別太大；留守兒童的問題、貧民窟的問題在加劇。社會各界因為政治觀點不一或者經濟狀況不一而導致了空前的分裂。

此書有一個缺點。作者提出了很多問題，但是也沒有提出一個解決方案。人民資本主義確實是個好主意，可是怎麼才能到達呢？。

德國為甚麼是德國？

《金融的謎題：德國金融體系比較研究》
作者：張曉朴、朱鴻鳴等
出版：中信出版社
(圖片來源：豆瓣讀書)

作者功底很深，此書是長時間研究的結果。他們試圖回答幾個核心的問題。比如，德國金融業佔經濟的比重為甚麼很低；為甚麼中小企業很容易獲得資金；德國人住房擁有率為甚麼很低？住房金融為甚麼做的那麼好？德國企業的負債率為甚麼很低？德國股票市場為甚麼很小？

我們經濟學人個個都是唱反調，所以容我多挑剔。這本書兩個最大的優點就是，第一，對德國金融體系的歷史和現在做了一個很詳細的描述；第二，提出了七大主要問題。它是其他學者進行研究的一個新起點。

我覺得不滿意的地方有這麼幾個。

第一，與美國相比，德國的股票市場很小，銀行體系在經濟中的比重很低，這究竟是政府設計，還是一個歷史偶然？打個比方，中國有很多小化肥、小煤窯。雖然政府從不喜歡，也就是說，這並非我們設計的結果，但是它就是一個客觀存在。政府打壓、關停並轉幾十年，可效果也不明顯。所以只能說小化肥、小煤窯是一個現象，是一個歷史事故。德國金融也許一樣？

又如，中國政府打壓房地產已經20年了。可是房地產價格拼命攀升。難道你說中國房地產價格大升是政府設計的結果嗎？你只能說，儘管政策打壓，它依然瘋狂。很可能德國人也希望他們的股票市場領先世界、銀行業領先世界，但是它就是不爭氣。其實，在這方面，歐盟諸國與德國十分類似。所以，並非德國鶴立雞群，而是美國太不一樣；中國太不一樣。

至於德國中小企業獲得資金從來就不困難這件事，這可不可以解釋成是因為德國富有、資金富裕呢？或者因為利率和稅收的原因、資本流入的原因呢？也就是說，也許跟制度設計、政策設計一點關係都沒有。

難道美國中小企業獲得資金很困難嗎？當然也不困難，所以德國並沒有這樣一個特點，或者優點。難道中國企業獲得資金很困難嗎？非也！在中國，應該獲得資金的中小企業獲得了過多的資金，甚至連那些根本不夠條件、不配獲得信貸的企業也都獲得了過度的資金，也就是說，中國的中小企業金融過剩遠遠超過德國，所以把這件事情說成是德國的特點非常勉強。

另外，我不滿意的一點是，作者描述了德國的這麼多特點（有些，正如我說，並非德國的特點），它們究竟是好事、還是壞事呢？甚麼叫好事，甚麼叫壞事呢？此書並沒有解答。

也許金融體系的現狀是工業政策的結果、關稅的結果、社會福利的結果或者政黨之間博弈的結果。或者說，德國金融體系目前是這個樣子，不見得是政府設計的，更不見得是金融體系的人所設計的。

被公僕虧空的意大利

Good Italy, Bad Italy: Why Italy Must Conquer Its Demons to Face the Future
作者：Bill Emmott
出版：Yale University Press
（圖片來源：Amazon）

30多年前，我剛到中國人民銀行總行工作，被安排陪同7個司局長去意大利學習該國銀行審計工作的經驗。為期兩周，眼花繚亂。那時的意大利正處在經濟騰飛的階段。大量的中小企業十分興旺，它還是七國集團（G7）中第五位。

制度決定一切！最近，我讀到的這本英文書意大利，可是讓人沮喪。作者是英國《經濟學人》（*The Economist*）雜誌的前主編，幾年前被意大利前總理（S. Berlusconi）控告誹謗。作者認為，意大利的政治腐敗是所有問題的根源。

1. 政治腐敗。意大利的總人口只有6,100萬，但是政客和政治任命的各種職位（不包括普通公務員）就超過了15萬。有人甚至估計為27.5萬。還有人估計，在意大利吃政治這碗飯的人數高達60萬（這還不包括他們的衍生產品：助手、司機、服務人員、諮詢機構及遊說者）。政客的待遇（公開的和私下的）太優厚，人們像蒼蠅見到腐肉一樣不肯離去。前總理曾經提名他的妓女朋友擔任歐洲議會議員，差點得逞。

2. 由於從政和當公務員太肥，年輕人都想當公務員，特別是從政。這種信號妨礙了創新，和企業家的冒險精神。企業家朝上看，朝官看，花費大量時間跟公務員和政客們周旋，而不是創新、設計、服務客戶，做企業管理。這跟希臘，和諸多發展中國家一樣。
3. 勞動法太混帳，工會的勢力太強。法律規定，員工人數超過15人就會受到更多的約束。於是大量企業匍匐前進，把員工人數限制在15人。由此而來的規模不經濟，以及研發能力差，你不敢想像！作者聲稱，快意車廠(FIAT)每天都有幾千個甚至上萬個病假條，每天都有三分之一的工人在以各種形式罷工(我本人感覺難以相信！)。英國的民族汽車公司雖然死光了，但是意大利的汽車產量甚至低於英國(外國汽車公司在英國的工廠)。
4. 黑手黨和其他他地下勢力太強。法庭的程序動輒幾年才有結果。南北經濟差距太大。
5. 政府財政虧空，負債累累，銀行壞帳極高。由於勞工競爭力差，觀察家普遍認為，意大利遲早會被迫退出歐盟。還有人認為，意大利正在轉變為一個風景美麗的發展中國家。

05

亞洲篇

世界的未來在亞洲嗎？

The Future Is Asian
作者：Parag Khanna
出版：Simon & Schuster
（圖片來源：Amazon）

現時市面上有三本英文的暢銷書，談這一個話題。我買了兩本。足不出戶飛快地讀完了這一本，比較失望。

此書兩大優點：

1. 作者有歷史觀和全球視野。他出生在印度，求學於英美，現居新加坡。書中有海量的歷史事件，人物和資料，讓我讀到呼吸困難，有一種游泳時嗆水的感覺。也許是因為作者堆砌了太多東西？不過像我這種歷史知識貧乏的人，讀一下亞洲各國最近幾百年（特別是二戰之後）的主要事件，還是很好的，況且他的文字流暢。
2. 作者看好亞洲的大結論也許是對的。誰知道呢？歐洲的人口下降和制度缺陷是個大問題。拉丁美洲和非洲還有太多的基礎設施方面的困難。今天的亞洲自從七、八十年代以來發生了天大的變化。

但是，作者的分析十分蒼白。在此書的430頁裡，他並沒有回答這樣一個巨大的問題：美國究竟是在下降，還是上升？美國的人口增長也很快，它像個巨大的吸鐵石，不斷吸引著世界人民前往。而且它自然資源超級豐富，制度優勢，糾錯能力也極強。即使在2008年的大危機之後，它都能迅速爬起來，把世界各國甩得更遠。

兩大缺點：

1. 作者在分析經濟和中國問題時頻繁露餡。這不奇怪，他讀的三個學位都是國際關係，他不懂得一個國家的貨幣(他講的是人民幣)要想成為國際貨幣，除了政治、法律、軍事上的強勢以外，必須要該國長期出現巨額的國際收支中的經常帳戶逆差。中國哪有這種氣量？我們國內的媒體和評論員們也老是犯同樣的錯誤。另外，作者評論P2P 和中國的貨幣刺激時，還不如二流的小報。
2. 書中很多地方顯得口號多，推理不夠，很像我們的官媒。比如，他反復講，亞洲有50億人，擁有世界上三分之二的超級城市，佔世界經濟總量的三分之一和經濟增長的三分之二，可是，這只能說明亞洲人口過剩，就業壓力大，環境壓力大，並不能說明我們的效率，科技能力，或者嚴苛的紀律，也不能抵銷我們永遠的內鬥，文化的落後，制度的腐朽，和宗教信仰方面的頑固。

中國的崛起、亞洲的衰落

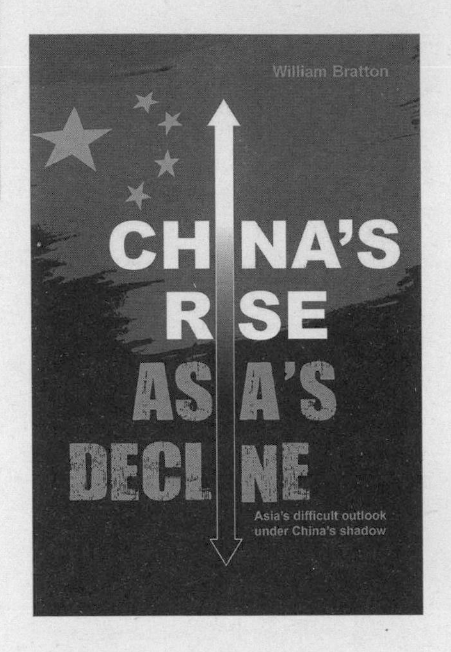

China's Rise, Asia's Decline: Asia's difficult outlook under China's shadow
作者：William Bratton
出版：Marshall Cavendish Editions
（圖片來源：Amazon）

這又是一本非常「反動」的英文書。作者自稱對中國極度看好，形容是China bull。他曾經是滙豐證券亞洲研究主管，劍橋大學經濟地理學博士。他的核心觀點是：中國龐大、經濟制度獨特、競爭力超強、成本極低、會成板塊成建制地打垮亞洲其他國家，包括日本和韓國。

作者引用過去20多年的數據，做推演，得出的結論是：亞洲國家要麼認命，跟著中國跑，要麼繼續尋求外部支援牽制中國，但是這是無濟於事的。美、歐都有自己的問題，而且他們也需要跟中國合作。他們不可能因為幫助這些亞洲盟友而傷害與中國的關係。

作者舉了兩個例子。柬埔寨和寮國識相，是認清形勢的兩個典型。其實馬來西亞和菲律賓也幾乎是這種類型。他說，亞洲各國因為中國的崛起，很難再形成獨立的經濟板塊。他們在經濟上都會成為與中國配套的星星點點的經濟體。

此書觀點，我將信將疑。作者提出了不少有趣的觀點，比如中國企業比較能看長遠、制度上比較穩定，也很聚焦，有板塊實力、成本

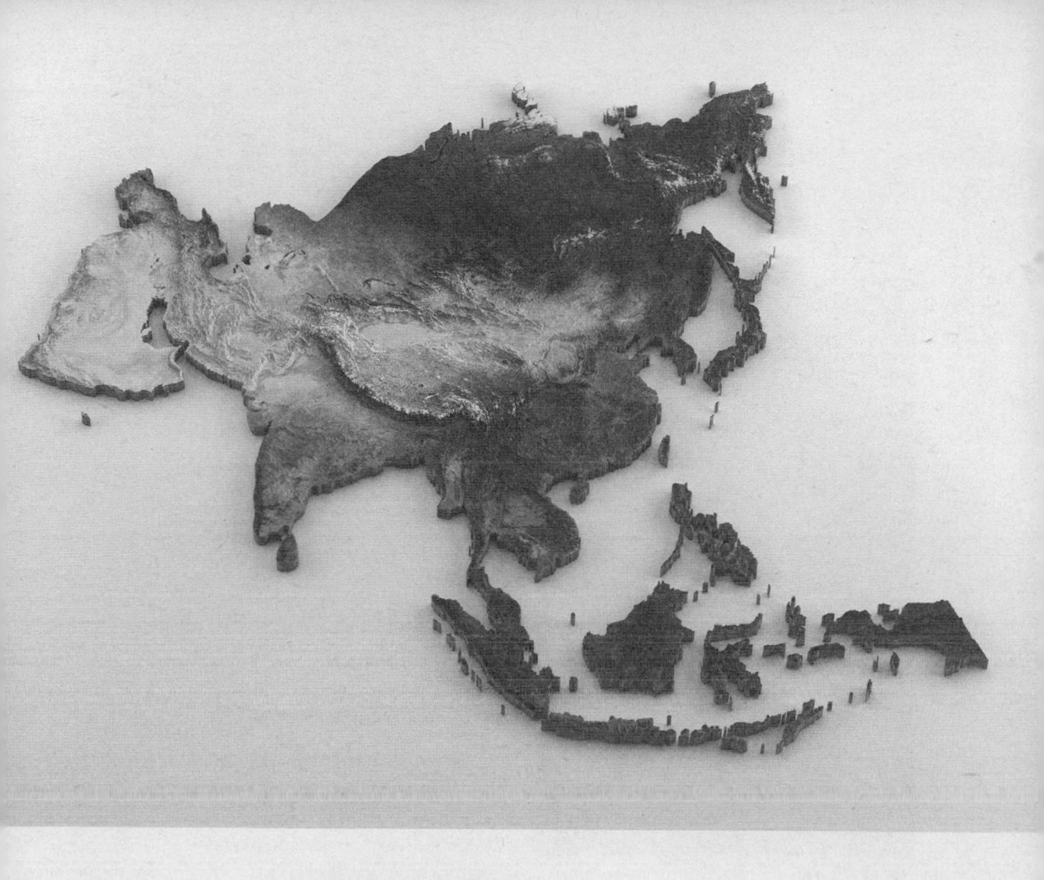

也低。但是中國經濟確實也受到歐美的巨大制衡。而且國有企業不講效率，確實也喪失了很多優勢。另外，作者老是從競爭的角度看問題。難道中國的崛起不也是給周邊國家創造了很多商業機會嗎？過去40年，中國已經從一個競爭者轉向了一個巨大的消費市場。這一點，作者並沒有看到。而且中國與周邊國家的合作，以及對它們的援助也相當巨大。

日本：人口下降何所懼？

Bending Adversity: Japan and the Art of Survival
作者：David Pilling
出版：Penguin Press
（圖片來源：Amazon）

由《金融時報》(Financial Times)主編凌大為(David Pilling)操刀的這本書書名*Bending Adversity: Japan and the Art of Survival*，我特別欣賞它對經濟問題的「中庸」分析。一句話歸納，「日本的經濟和社會現狀都挺好的」。

我摘錄幾段，並做點評。

(1)日本文化基本源於中國。但是，由於中國太落後，因此，十八世紀開始，日本與中國文化脱鈎，學習西洋。在此過程中，日本人需要發明和「製造」一個日本的獨特文化，通過一代又一代的教育和洗腦，日本人有了根深蒂固的觀念，「日本就是不同，就是優越。」

在書中，凌大為諷刺一位臭名昭著的日本教授的研究結論：日本人用左邊的腦袋聽鐘聲，聽昆蟲的鳴叫甚至呼嚕聲，這跟西洋人不同。凌大為還諷刺另一位日本學者，這位學者在書中描述，一位美國教授訪問日本，當他聽到蟋蟀之聲時，便問，「這是甚麼聲音？」。日本學者回應，「天哪！你竟然不知道這是音樂！每個日本人都知道這是音樂！深秋時節，蟋蟀婉歎，寒冬將至，哀哉！日本人哀生命之短促。天哪，日本怎麼會在二戰中敗給美國！」

很多日本人強調，「日本人沒有邊界」(We have no borders)，他永遠沒有搞懂，這是甚麼意思。在日本，故弄玄虛者眾。他還說，日本人大多不會講英文，在他們「含蓄，深奧，和高深莫測」的背後是空洞，一旦他們會講英文，你立刻發現，原來此君甚麼也不知道。很多日本人聲稱，「外國人永遠無法理解日本。你試都不用試。再過四到五年，如果你發現你根本不懂日本人，那麼你就開始懂了！」(When you find, in four or five years more, that you cannot understand the Japanese at all, then you will begin to know something about them.)

我聯想起格林斯潘(Alan Greenspan)仍在位美國聯儲局主席時，在如日中天時的得意和故弄玄虛：「如果你認為你理解了我的政策意圖，那你一定是誤解了！」

(2) 在學習西洋人的過程中，日本人骨子裡的野蠻得到了煽動和發揮，這是日本整個侵略性的源頭。幾百年裡，西洋人在全球屠殺，搶劫，殖民，和傳教。日本人很快學到了這一套。弱肉強食就是這麼簡單。

(3) 作者採訪日本甲級戰犯，東條英機(Hideki Toji)的外孫女的整個過程，很值得一讀。她的辯解，不管多麼荒謬，對於瞭解日本一部分人(可能不小的一部分)，可能有幫助。

(4) 日本經濟越來越內向嗎？非也！120萬日本人住在外國，光在中國就有14萬日本人，這比1990年的數字多了一倍。在日本，外國人多達200萬。也比20年前多了一倍。

(5) 長期以來，大量膚淺文章嘲笑日本浪費了過去二十年，但是你認真分析一下，其實日本即使在最近20年，也相當不錯。你要看剔除通脹以後的真實增長，再把人口變化考慮進去。今天，日本的物價水準(從報紙到理髮，從住房到壽司)相當於1981年的水準！有些國家大談「人口紅利」，但是每個居民的真實福利的改善遠不如宏觀數字好看。英美兩國在過去20年一直嘲笑日本浪費了20年，但是，把人口和通脹排除，用1989年為基數100、日本2013年的真實人均收入為127、美國為137、英國為144。差距並不太大。在最近的十年(2002-2012年)，以真實的人均收入為指標，日本甚至跑贏了英美。

今天，日本依然是世界上第三大經濟體，相當於英法之和，或者印度的三倍。它的國民平均還是比中國人富裕八倍！(2013年的數字)

(6)有一派認為，日本在過去20年做了大量的痛苦調整和反思。幹嘛老是跟別的國家比排名？日本不需要做第二大，第十大或者第15大經濟體。未來20年，日本將是一個「很枯燥，很不激動人心的，很富有的國家，相當一個巨大的瑞士！這有甚麼不好？」很多國家有GDP增長，但是由於增長品質低，所以沒有財富。在日本，人民健康，犯罪率低，居住環境好，這些難道不重要嗎？物價下跌有甚麼不好？難道你希望鈔票發毛嗎？日元在過去二十年的購買力的改善十分可觀。換言之，日本人生活品質的改善是很大的。

(7)人口老化，人口下降沒甚麼不好。1960年以來，巴基斯坦的人口增長了四倍，幾乎達到2億，這跟生活品質有正面相關嗎？ 印度、孟加拉、菲律賓、印尼、尼日利亞、埃及的人口增長都很迅速。這種人口紅利，你不害怕嗎？

(8)很多人聳人聽聞，説日本政府的債務太高，會馬上崩潰云云。但是，標準普爾和穆迪等評級機構調低日本政府的債務評級，但債券不跌反漲。為甚麼？日本政府91%的債務是欠本國國民的。主權國家有一萬種辦法解決這個問題，聽説過印鈔票和徵税嗎？另外，日本還有大量的海外資產。

三星興盛，韓國為何依然落後？

Samsung Rising: The Inside Story of the South Korean Giant That Set Out to Beat Apple and Conquer Tech
作者：Geoffrey Cain
出版：Currency
（圖片來源：Amazon）

三星集團是幾十個相互持股的一群公司，在很多公司裡面，李家擁有的股份都是單位數，有的甚至低於1%，但是，它是一個大生態，從電器到造船，到半導體、手機、醫療以及媒體、食品、零售。由於這個生態圈在韓國經濟中佔有相當大的比重，而且有一些知名品牌，因此韓國老百姓很崇拜三星。年輕人以在此就業為榮，也有一些批評的人，但是批評者必須小心，因為三星集團勢力巨大，如果你批評了他們，以後想再來三星找工作的話，就會有困難。三星集團實行的是嚴格的等級制度，半軍事化管理，批評上級是一個很讓人忌諱的事情，這是效率之所在，也是他們出現問題的根源，以及出問題之後處理不善的一個原因。下級只知道奉承上級，不肯指出問題，更不願意批評上級。2016年當Galaxy Note 7手機爆炸之後，三星公司處理得非常失敗。

太多的韓國人，特別是三星集團的員工把三星的產品等同於三星集團，把批評三星的產品當成批評三星集團，把批評三星集團當成批評韓國，大家心理負擔太重，這讓我聯想某國小小科長出國的時候，儼然代表國家，這樣就不能放鬆，一直到出大問題。

Galaxy Note 7手機曾經風靡全球、供不應求、媒體稱讚有加，於是，當它出問題的時候，公司上下都不肯面對，而只是抵賴、辯解，直到問題變得更嚴重，這個時候大家才知道品牌已經受到了巨大的傷害。公司上下把責任推到電池供應商。可是，真正的問題是，三星集團上上下下唯唯諾諾的文化導致的。

1983年，28歲的喬布斯(Steve Jobs)正在創業初期，來到三星電子尋求零部件供應、與三星的創辦人慷慷激昂。誰知道，二十多年以後雙方就智慧財產權問題(標識、設計和包裝)在法庭兵戎相見。

在三星，李家被當作神一樣對待，人們笑稱三星共和國。作者認為，關於對外族人的防範、關於對千里馬的景仰，南韓與北韓十分的相似。2011年金正日死去後，朝鮮人的悲傷與三星集團創辦人李秉喆(BC Lee)去世後，很多員工的感受神似，雖然形態不似，但兩者同樣被神秘籠罩、控制權不落家族以外、神化家長、口號滿天響，且儀式浩蕩蕩。

韓國的財閥(Chaebol)與日本的貿易商社如出一轍，他們在國民經濟中有著相當重要的地位。不過，韓國十大財閥的領袖中有六個曾經被判監禁，獲歷任總統不斷豁免、釋放他們，這也反映了韓國政治氣氛的毒素。

跟日本的Sony一樣，韓國三星的崛起在很大程度上是由於它啟用了日本的設計師、美國的設計師、廣告人員、管理人員、銷售人員。比如，三星與一個教育機構共同設立的「三星創新設計實驗室」(Innovative Design lab of Samsung，IDS)起了很大的作用。

三星剛開始生產手機的時候，董事長給每個家屬送了一部手機作為春節禮物，結果因為質素不好，很多人悄悄送還手機。董事長知道了，於是組織一場大會，燒毀了總值五千萬美元的手機，讓所有員工和家屬受到了極大的刺激和羞辱。在公司內部，嚴厲的教訓、批評和羞辱是家常便飯。

董事長反復強調，在一個全球化的世界，光是在韓國第一，是沒有意義的。三星如果想成為偉大的科技企業，必須征服歐美市場。

2010年，三星的律師(後來成了一個告密者)出版了一本回憶錄，講三星如何大肆賄賂政府官員。結果韓國的報紙既不肯做書評，甚至拒絕為這本書刊登廣告，當然此書非常暢銷。由於作者的告密，導致三星的董事長被送進監獄。

2005年，日本的Sony請了一個美國人斯金格(Howard Stringer)做總公司的CEO。這對韓國三星也有很大的觸動，他們加快了啟用外人的步伐，不過總部的韓國人與海外分支機構起用當地人之間的相互猜疑或者不理解，一直是三星歷史上成功、失敗、再成功的一條主線。

為了挑戰蘋果手機，三星認真研究了百事可樂與可口可樂競爭的經驗：如何奪取並佔有一席之地？

2015年，三星家族提出將家族的私人公司與三星C&T合併，合併的作價不利於公眾股東，美國對沖基金Elliott通過法律手段維權。可是，三星家族動用了國家情報機關和司法系統的能量，三星家族的行為還犧牲了國家社保基金的經濟利益，也動用了公眾媒體的力量大打廣告，給小股東送小恩小惠(蛋糕)。三星還煽動了反猶太人、反擊對沖基金等情緒，用民族情緒來掩蓋一個基本的事實，那就是這項交易完全是為了三星家族的私利，犧牲了公眾利益。這個案件充分顯示韓國雖然在經濟上已經發達了，但是在社會、政治、司法等方面，它還是一個很狹隘的民族，還只是一個發展中國家而已。

印度的前路

The Billionaire Raj: A Journey Through India's New Gilded Age
作者：James Crabtree
出版：Tim Duggan Books
（圖片來源：Amazon）

這本書的開篇就是一個巨富的兒子駕車撞人以後，讓司機頂包承擔責任。這在很多腐敗的國家都不奇怪在巴西、墨西哥，這種事情常見。

如果你太忙，只有時間讀一本關於印度的書，那這本書就是最好的，它非常全面，而且故事很精彩，它講印度的腐敗、不公平、工商業的發展、巨富的生活、媒體、體育（特別是板球），以及鬧哄哄的選舉。

不過如果這本書只是講這些故事的話，那也就太沒有深度了。作者問了很多深層次的問題，也作了一些探討。比如，40年前，中國和印度處於相同的經濟水準，可是，今天的中國人均收入是印度的5倍多。為甚麼？作者不喜歡中國，也不看好中國，但這沒關係，這是歐美很多觀察家共同犯的一個錯誤。不過這位作者還是繼續看好印度，因為他認為印度的經濟具備了騰飛的所有原材料和佐料，若然未到只是時機未到。

作者不是經濟學家；他是一個記者，而且是一個偏社會和政治方面的記者。他似乎覺得經濟不那麼重要，但是中國讀者可能覺得經濟是第一位的：如果沒有經濟，社會和政治都是虛的。作者把整個東亞的媒體描述成噤若寒蟬、一無是處；而讚賞的都是有噱頭、極度誇張、甚至以大量虛假新聞為特色的印度媒體。

在經濟模式上，印度長期奉行的是進口替代，用該國產品取代進口貨，而東亞的成功經驗是出口導向。現在印度依然有相當嚴重的進口管制，也就是保護主義，正當印度準備經濟騰飛，或者說吸收東亞出口導向經驗的時候，世界開始變得更加保護主義了，包括歐美；印度的資源還是比較貧乏的，除了煤炭以外，可是，正當印度準備大幹快上的時候，又遇到了全球的環境保護運動，大家都在推動新能源的發展，要求降低對煤炭的依賴。印度總理2021年11月在英國格拉斯哥舉行的第26屆聯合國氣候大會（COP26）上，宣佈將在2070年實現零淨排放，這對印度的基礎設施建設和工業化無疑是巨大的限制。

印度腐敗與苦難的爆發

Capital: The Eruption of Delhi
作者：Rana Dasgupta
出版：Penguin Books
（圖片來源：Amazon）

2010年，印度首都新德里主辦「英聯邦運動會」，耗資140億美元，比預算高出40倍，這是一個驚人的貪污盜竊工程，組委會每次開會就像土匪分贓一樣。

對運動員的飲食供應，組委會進行了全球招標。一家美國企業中標，組委會的主席要求10%分成（進貢）給他本人，遭到拒絕，主席不顧運動會日期逼近，堅持重新招標。結果還是這家企業中標，但是，報價更高了，因為餐飲設備的出租方不再願意出租設備了，需要購買，而且把設備通過船運到新德里，已經來不及了。怎麼辦？空運。又增加了很多費用。運動員住所尚未啟用，已經出現漏水、油漆脱落及故障等，到處都是豆腐渣工程。整個運動會尚未結束，很多設備已經被盜，廁紙的實際成本為每卷80美元，整個工程採購沒有一個中央資料庫。

我剛讀完的這本英文書*Capital: The Eruption of Delhi*，「首都新德里的爆發」，這實在讓人壓抑。作者 Rana Dasgupta 是印度人，早年，他的父親逃難到英國，後來娶了英國老婆，並且當上了英國國會議員。作者在英國出生，長大。2000年，他到新德里尋求個人發展。他說，以前，新德里居民喜歡朝向「聖河」亞穆納河（Yamuna River），現在，因為人口爆炸，河流嚴重污染，這條河大家不敢再看，也不願意提及。給祖先的供品，鮮花等等，大家還在往裡面丟，但是已經不再往河裡看。

任何國家的首都，都不免是骯髒的政治交易的場所，官員們收取的賄賂太多，把錢放在哪裡？房地產。其次，餐館也是洗錢的好去處。所以，首都的房子和食品總是最貴的，外地的企業都喜歡設立「首都辦事處」。

印度的貧富差距，也許比中國更加嚴重。貪污腐敗是主因。最肥的貪官是將軍們：他們用神秘和國家利益的藉口買賣軍火，並且在工程上貪污；第二位是海關和稅務局的官員。

印度鐵路局的一個高層承認，「至少80%的公務員貪汙受賄。我不需要主動尋求賄賂。我只要打開抽屜就行。」

印度人講究精神文明，但是，對錢的追求絕不含糊。他們的第一要訣、第二要訣，和第三要訣都是「搞定」。他們跟百萬和千萬難民打交道的經驗，使得他們在非洲的擴張遠遠超過中國人。印度人炫富絕非中國人那麼含蓄，不過，印度人有共識：真正的富人都是政客，而不是福布斯的龍虎榜。

當然，政界與企業的勾結使得事情更複雜了。商界大佬經常把內閣部長招來喚去，直接插手高官的任免。

每到晚上，整個城市就像一個巨大的睡房：成千上萬的難民睡在橋上、街邊、山坡上、隧道下，到處掛著行李，塑膠袋，剩下的食物。

跟中國人一樣，印度人死要面子。印度人收購西方企業總是能夠帶來民族自豪感。媒體津津樂道。做殖民地的時間太長，印度人心理不平衡。在自卑感的下面隱藏者復仇心態。作者問一個印度巨富：

「你的夢想是甚麼？」

「今天，西方人主宰這個世界。我想把他們換成印度人。」

「印度人主宰的世界跟今天會有甚麼不同？」

「會更好……不。也許一樣！」

印度人的貧富差距還反映在一些細節上：初級文員也有保姆和專職司機。泊車有困難？司機把車開走，你需要時他再回來。富人們一

擲千金，但是拒絕把保姆40美元的月薪增至60美元。中產階級在一起聚會，居高臨下，花大量時間抱怨保姆無能，司機混蛋。作者聽了，總覺得保姆的主要工作是偷東西和惹僱主生氣，「離譜：他們竟然還要工資？」

富人也是人，也有憐愛之心。不過，富人的憐愛之心往往釋放在狗，或者其他寵物身上，雖然他們對僱員，和僕人從來就很殘酷。

幾十年前，這些中產階級也都是外省來的難民，或者難民的後代，但是，他們目前已經完全高高在上，他們的繁榮是以新來難民的持續苦難為基礎的。

在新德里，幾乎一半的人住在難民營或者未經許可的「臨時」住所，「臨時」可以長達幾十年，等到人氣聚集了，地產商就會賄賂官員們，把居民趕走。你不肯走？你會突然碰到「火災」，或者恐怖事件，示威者又會發現員警的槍彈無情。

回教，錫克教和印度教本是同根生，但是，愚昧無知和一系列歷史事件導致了今天的相互仇恨，這可能是印度社會的癌症。1938年，緬甸從英國殖民統治下獨立出來；1947年，印度也從英國殖民統治下獨立，並分成印度和巴基斯坦；1971年，孟加拉又從巴基斯坦獨立；整個過程循著宗教這條路線進行，導致了巨大的難民潮，屠殺和仇恨。很多人責怪英國人管理不善和挑撥離間，但是作者並沒有對英國人的處理過程給以炮火攻擊，而是從南亞各地人民的愚昧和劣根性中找原因。當然，他也承認1947年的分離是個大錯誤。

作者把印度前總理英迪拉甘地(Indira Ghandi)描繪成暴君。她的兒子拉吉夫甘地(Rajiv Gandhi)後來繼任首相，也是同樣的魔王，兩母子先後被暗殺。在作者筆下，她的另一個兒子桑賈伊(Sanjay Gandhi)更壞，他非常嫌棄印度人骯髒和人口太多，他一度擔任議員，後死於空難。

作者是這樣描述桑賈伊的："... Sanjay. The first of Delhi's political bad boys, he was one of those dangerous patriots who love the idea of their country but hate its reality. He was plagued by nightmares of filthy, exponentially reproducing masses, and he longed to destroy, to root out, and to impose hygiene and order."(第330頁)

晚上官僚休眠，印度才能增長。

India Grows at Night: A Liberal Case for a Strong State
作者：Gurcharan Das
出版：Penguin India
（圖片來源：Amazon）

如果你想把自己弄得十分壓抑，這本書絕佳，書名有趣：「印度的經濟只有在晚上等官員們睡覺之後，才能增長」。（India grows at night while the government sleeps）

書中講，在2009年大選之後，542位國會議員中就有150位元曾經有過犯罪記錄（A fractured Parliament cannot be depended on when 150 out of 542 seats were occupied by members with criminal records after the 2009 general election）。（第46至47頁）

書中寫道，在印度，由於政府腐敗無能無為，老百姓對政府開辦的學校沒有信心，「35%的印度小學生被迫上私立學校。在城裡，這個比例高達50%。窮人的小孩也上私立小學。每個月學費100-400盧比（約10至40元人民幣）。」（第27頁）

書中還說，印度以前的問題是，成立一家公司或者做一件事，要幾百個批文。現在多了一條：過度監管（Inspector Raj）。（第36頁）

作者的朋友 Navin 擁有一家國防設備廠。他的朋友抱怨，「每週都有檢查組：勞動局、稅務局、海關、警察局、消防局，安全局……

官員們來檢查，你不賄賂，能過得了關嗎？我的生產成本中10%屬於此類搞定費。每週都有」。（第118頁）

從孟買到新德里有6個警崗，司機必須留下買路錢給警員。某日，某警崗的警官女兒結婚，賄賂也要翻倍，某司機無錢可交，在路邊額外等候了4個小時。幾年前，這條路拓寬為4車道和6車道，本來可加快車速，但是警崗索賄花掉的時間正好抵消這個提速，打回原形。（第117頁）

在印度，行賄太普遍。2005年的一項調查顯示，「80%的公民承認賄賂過警員。40%的公民承認賄賂過執法人員」。（第120至121頁）

作者是個備受尊重的印度長者，曾經擔任過寶潔（P&G）印度公司的行政總裁。他對印度的社會和民主讚不絕口，充滿信心，"A weak state, a strong society"、"History is no destiny"。可是讀者難免唏噓，弱者或想感觸落淚。

自從1947年從英國獨立以來，印度的經濟增長在發展中國家還是比較領先的，可是這些增長並沒有完全轉化為提升人民生活水平，原因是兩個。第一，人口增長過快，故人均收入的增長大打折扣；第二，貧富懸殊快速惡化。現在印度的人均收入水準大概只相當於中國的1/5，它的工業基礎尚薄弱，它正在試圖起飛，可是遇到中國、整個東亞地區和拉丁美洲的強烈競爭。跟中國一樣，印度擁有豐富的煤炭資源，對煤炭的依賴程度也比較高。在碳中和和碳達標的全球運動中，它的經濟遇到相當大的壓力。而與此同時，它的基礎設施還沒有來得及建設，在這一點上它與中國尚有巨大的差距。

印度有28個州，加上8個特區，每個州都有立法權，而且語言種類太多。這就在很大上限制了印度經濟和印度企業的規模化經營。中國是一個統一的大市場，省政府和市政府的立法權相當有限，因此企業能夠在一個大市場裡面充分享受規模化經營的好處。

印度人口暴增，是紅利還是炸彈？

Reimagining India: Unlocking the potential of Asia's next superpower
作者：Inc. McKinsey & Company
出版：Simon & Schuster
（圖片來源：Amazon）

麥肯錫邀請63位名人，包括微軟的蓋茨（Bill Gates），星巴克、Google、印度電訊商億萬富豪米塔爾（Sunil Bharti Mittal）、英國《金融時報》（*Financial Times*）記者、IT大亨及影視翹楚等各寫一篇短文，講印度的問題究竟在哪裡？

我感慨：苛政猛於虎，印度的虎猛過別國的虎！

菲律賓、埃及、巴基斯坦、孟加拉、蘇丹、阿爾及利亞及印尼等等的問題都是一樣：政府的管制、卡關與打壓、大眾愚昧與及全社會腐敗，但是，人口膨脹，和環境惡化是最大的兩個問題。

大文豪托爾斯泰的那句話只是對了一半，我斗膽修改如下，「幸福的家庭都是一樣的，不幸福的家庭也都是一樣的。」

大家都繞著人口問題不敢深談。還是英國《金融時報》主編馬凱（Victor Mallet）對人口問題敢言。

而即使他也閉口不敢提「人口控制」。難道這個話題就這麼難嗎？我厭倦了大家不斷重複「人口紅利」——印度三分之二的人口在30歲以下，世界上最大的民主國家，……

馬凱在文中有幾個描述：

1. 六億多印度人民每天在戶外大小便。

2. 人權人士們問，印度的國土可以容納更多的居民嗎？當然可以。但是，這是一個錯誤的問題。正確的問題是，這個地球的人口超過90億或者100億，是否可取（Desirable）？

3. 人口的增加所帶來的究竟是人口紅利，還是人口災難？

另外一篇文章的三個作者（都是印度人）說，6億以上的人民每天在絕望中默默忍受，這是一種甚麼樣的社會？！

馬凱在文中引用一位馬爾薩斯學派的學者埃利希（Paul Ehrlich），在新德里生活時寫的一本書：《人口炸彈》（*The Population Bomb*），但著作出版時的1968年，那時的印度人口只有5億人！埃利希這樣寫道：

"People eating, people washing, people sleeping. People visiting, arguing, and people screaming. People thrusting their hands through the taxi window, begging. People defecating and urinating. People clinging to buses. People herding animals. People, people, people."（萬人吃、萬人洗、萬人睡；萬人來，萬人鬧，萬人叫；萬人在計程車外哭號，萬人在乞討；萬人大便，萬人撒尿；萬人吊在巴士門上；萬人放牧；萬人、萬人、萬人）

人口紅利是政客特別是商人編造的一個童話故事，媒體（包括社交媒體）起了放大的作用。如果想理解它對財經領域的影響，我們不妨看看印度Tata集團在歐洲的失敗。

80年代日本企業在海外投資，慘敗。可印度人不信邪。於是，90年代以來，印度公司在愛國媒體的喝彩聲中也試了一把，結局非常相似。最近20年，我國公司開足馬力，做海外併購，結果更加糟糕。結論：交學費是必須親自交的，別人交的，不算。

英國《金融時報》在2020年曾分析Tata在過去二十年收購歐洲企業（以英國為主）的全盤皆墨的案例：茶品公司Tetley、大宇汽車（Daewoo）歐洲業務、積架（Jaguar）、Land Rover、鋼鐵製造商Corus等等，耗資大、負債多、並且一直虧損，最要命的是：前景暗淡。

Tata有150年歷史，它的輕資產業務(如IT服務公司Tata Consulting)是搖錢樹，國內商業、食品業也很興旺，可是，他們(我們)都有對歐美的那一點點額外的嚮往，而這點嚮往經常成為致命的錯誤。

我國有企業領導曾私下對我說，他的前任花鉅資收購了一個歐洲的爛攤子公司，現在流血不止，關掉又不忍心；不關吧，又有那麼重的負擔，看不到盡頭的亮光。

中國的互聯網上的評論欄目以噴子為主力軍，但是《金融時報》的評論員們有不少好東西。

大馬與高盛的醜聞

Billion Dollar Whale: The Bestselling Investigation into the Financial Fraud of the Century
作者：Tom Wright, Bradley Hope
出版：Scribe Publications
（圖片來源：Amazon）

2007年，高盛的一個衍生工具讓利比亞政府蝕十億美元，高盛賺2億美元。利比亞政府在倫敦法庭起訴高盛，輸了。

後來，馬來西亞政府又被高盛屠宰了一次，蝕了60億美元。2020年上半年，高盛與馬來西亞政府和解，賠償39億美元。

我在外資銀行工作時，見到這種屠宰意識和行為，心裡很難受。1989年我發表文章，反對高盛和滙豐銀行安排中國發揚基債券（Yankee Bond），第二天就被滙豐開除了。

這本書有不少內容講的是高盛如何屠宰馬來西亞。雖然外資銀行可恨，但是第三世界國家的官員腐敗、管理不透明才是最重要的原因，其實被屠宰是活該。可憐之人必有可恨之處，很多發展中國家的國企和民企一直受到歐美國家銀行和貿易商的各種欺騙，但是由於政治制度的原因和內部管理的原因，很多類似的案件都是隱藏很深的，只有少量被曝光。十多年前，中航油在新加坡的慘敗就是一個例子。

書中說，當時的高盛合夥人萊斯納（Tim Leissner）為了最終屠宰馬來西亞政府，安排馬來西亞駐美大使的女兒到高盛集團實習（這是違反美國法律的），並且跟她發展了一段婚外情，不久，此肉男又跟沙勞越州的首席部長之女談婚論嫁，並且說自己已經歸依伊斯蘭教，起名叫Salahuddin，高盛集團的高層Vella說，不宰利比亞、馬來西亞這種「愚蠢的」客戶，難道你讓我們去屠宰精明的對沖基金嗎？

本書的故事情節相當複雜。主線是：馬來西亞總理納吉想做政績，所以成立了一個政府投資開發公司。可是，錢從哪裡來呢？財政資金非常有限。於是官員們就想起找中東的石油國家舉債，找投資銀行在公開市場發債。可是這些錢怎麼用，才能保證真正有政績，並且保證未來還本付息，這件事情從來就沒有人認真想過。結果大量的錢被總理的兒子，以及檳城的一個華僑紈絝子弟劉特佐（Jho Low）所揮霍。這其中的財務假賬、裙帶關係、花天酒地、被騙被宰、遊艇名媛，讓讀者眼花撩亂。總理之妻對珠寶首飾、品牌時尚的瘋狂追求也使人噁心，這就是著名的「一馬案」。本書充分揭露了馬來西亞的虛偽民主。

印尼的「鴉片戰爭」

Resurgent Indonesia From Crisis to Confidence
作者：Vasuki Shastry
出版：Straits Times Press
（圖片來源：Amazon）

從香港去倫敦的飛機上，我讀了這本書，有關印尼在1997至1998年亞洲金融危機中的慘況，

那是一場新的「鴉片戰爭」。印尼、泰國、韓國和菲律賓被狠狠地收割了一次。當然，根源是這些國家的腐敗政治和固定匯率（和相對的固定匯率）。這些國家的貨幣長期高估，該國貨幣在國內的購買力下降之後的壓力無法隨時得到釋放，最終必有火山爆發，跟中國這幾十年的情況有類似之處。

但是，問題在於，當這四國貨幣匯率大跌，成千上萬的該國企業突然發現根本無力償還外債時，大量的違約和倒閉形成了一股龍捲風。

歐美國家的銀行應該承認壞帳損失，流血離場，自認倒楣。但是，他們並沒有這樣做。沿用鴉片戰爭的套路，他們動用政府，並通過政府給這些死要面子的國家施加高壓，逼著這些國家借國際貨幣基金組織（IMF）的過橋貸款，歸還歐美銀行的貸款，並大力削減政府支出（Austerity），幾千萬工人失業，無數家庭破裂。這些國家在8到10

年之後，才從債務陷阱中爬出來。IMF只不過是歐美國家的一個玩物和工具，只是它帶著虛偽的聯合國面具。

2010至2014年，當西班牙、葡萄牙和希臘（甚至意大利）無法償還外債時，歐美銀行（特別是德、法銀行）面臨著毀滅性打擊，歐美政府採取了同樣的鴉片戰爭戰略。他們一邊惡罵「南部歐洲國家」的人民懶惰、浪費，政府無能，一邊逼他們接受IMF和歐洲央行的債務重組方案。

甚麼是「重組」？就是借新還舊，不准違約、不准宣佈破產。這裡，歐美國家的工具就是IMF和歐洲中央銀行（ECB）。可惜中國在IMF只是小股東，沒有話事權。不然的話，我們也可以利用IMF和強大的外交勢力，重組亞、非、拉上百個國家的貸款違約，畢竟數額巨大啊！中國孤掌難鳴，即使我們扯著嗓子喊，也只是一個聲音，而歐美的大合唱太讓人羡慕了。

由此，我有個建議：中國民企、國企也借了相當巨額的外債。有些必然出現違約（比如北大方正、海航、地產公司），我們的政府千萬不要馳援。我們不要接受IMF，不要接受債務重組，不接受新型的鴉片戰爭。願打願挨的事情，沒甚麼大不了。政府拯救了，反而讓歐美投資者瞧不起：「你不專業，不夠市場化！」

06

中東及非洲篇

中東——開放與封閉的較量

The Islamic Enlightenment: The Struggle Between Faith and Reason: 1798 to Modern Times
作者：Christopher de Bellaigue
出版：Bodley Head
（圖片來源：Amazon）

這本書分明是為中國人寫的。改革開放四十多年，中國某些人的傲慢，無知和封閉思潮又捲土重來。 這與過去三個世紀中東人和南亞人（特別是搞意識形態的人們和統治階級）抵制西方文化，西方科技和民主理念如出一轍。十八世紀末葉，當拿破崙帶軍打到埃及時，才驚奇地發現，這個著名的文明古國如此落後，甚至原始！ 埃及軍隊的武器和打法太土、全國各種傳染病橫行、宗教界和政府的觀念也十分腐朽。蘇伊士運河的修建，融資以及後來的股權之爭都暴露了埃及制度之落後以及在西方強國的淫威之下，埃及之可憐。1882年，埃及正式淪為英國的殖民地，長達75年。（第20頁，160頁）

伊朗的勢力曾經延伸到高加索地區，但是在18-19世紀，由於落後，它不斷割地給俄羅斯，並簽署諸多的屈辱條約。俄羅斯的使節們事實上成了伊朗北部的管理者。某日，當地居民與俄羅斯使節發生衝突，殺死了一位使節。伊朗的王子必須帶隊去聖彼德堡道歉。為此伊朗還付出了其它的代價。（第131頁）

作者認為，奧斯曼帝國崩潰的根源就在於伊斯蘭教之落後，以前對科技和文明的抵抗。雖然伊斯蘭教不准放棄一寸土地，但是奧斯曼帝國在現化武器的打擊下完全沒有選擇。

1811年，伊朗王子派了幾個學生去英國留學。他們在英國的經歷饒有趣味，其中一位做了詳細的日記，經土耳其回國時寫了一本書，記載了留學經歷。在他的描述中，我似乎看到了清朝政府派遣的，留著長辮子的中國男人坐在一群洋人中上課的情景。

作者1995至2007年一直在印度和中東各國擔任記者，深入研究了這些地方的歷史和現狀。他説，今天在整個伊斯蘭世界，看不到一股足夠強大的向上的力量，即民主和進步的力量。很遺憾，埃及的革命失敗了；土耳其正在走回頭路：2018年，總統把1921年以來行之有效的議會制度扔到了一邊，把權力集中在自己一身，並有終身集權之勢；而伊朗又長期陷入美國的制裁之下女，伊斯蘭世界只能在氣憤，暴力和徘徊之中。(第350頁)

雖然最大的禍因是這些國家的統治階級的愚蠢，但是人民的愚昧為倒退和落後提供了肥沃的土壤。 中國跟這些伊斯蘭國家的共同點，除了科技的落後之外，在於人口嚴重過剩，有用的土地面積和自然資源貧乏，缺乏治國安邦的制度體系。這絕非短期所能解決的問題。可恨的是，這些西方殖民主義者並沒有在這些伊斯蘭國建立治國安邦的制度體系，而只是掠奪。

埃及人民真心希望改革嗎？

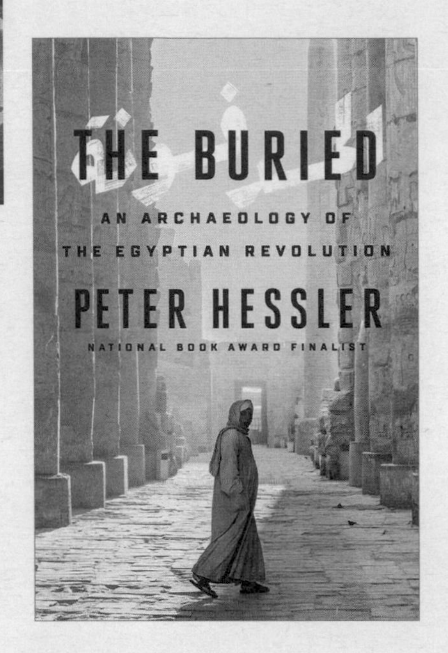

The Buried: An Archaeology of the Egyptian Revolution
作者：Peter Hessler
出版：Penguin Press
（圖片來源：Amazon）

2011年，埃及開羅爆發示威，當時的總統穆巴拉克（Hosni Mubarak）下台。此書的作者、美國記者及作家何偉（Peter Hessler）帶著妻子和雙胞胎女兒來到開羅，一住就是五年多，與垃圾工人、門衛、教師、警員等各類人打成一片。他賣力理解社會，最後的結論是：

1. 阿拉伯之春失敗了。民選總統穆爾西（Mohamed Morsi）被國防部長塞西（Abdel Fattah el-Sisi）推翻，塞西在裝模作樣了半年之後，「無可奈何地」接受人民的請求，擔任總統。經濟、社會和民生沒有改善。
2. 埃及的歷史太悠久，太沉重，這樣的社會無法改革。

作者在華當過十多年記者，書中多次比較中國及埃及社會，比較公道。浙江的商人們處處神通，而天津的國企泰達集團在埃及沙漠中的工業園很慘淡，設施都在驕陽中溶化。

2011年以來的阿拉伯革命在埃及失敗了。西方很多國家原本有巨大的期待，但是後來的失敗他們感到非常的失望。作者說，可是中國人並沒有覺得失望，因為中國人從來就對埃及的革命沒有甚麼期待，中國人，包括在埃及的中國人，從來也沒有覺得埃及這個社會有甚麼好和不好，It is what it is，也就是說，中國人從來沒有指手劃腳。

在埃及的中國人認為，埃及是過日子的地方，做生意比較難，就是這樣。你必須接受人家。人家要買甚麼東西，你就賣給他甚麼東西。如果這個地方允許你來建工廠，做事情，你就來，自己賺自己的錢，人家過人家的日子，從來也不問埃及人買了你的東西去做甚麼，但是西方人的態度從來都是帶有價值判斷的，希望扶持民主。

對於西方人來講，做生意和加強影響力當然非常重要，但是該賺錢的時候也還是要賺的，只是埃及甚至中東地區一直沒有給西方國家帶來太多的商機。

美國每年給埃及的援助都高達18億美元，其實就是希望在這個地方保持影響，但是，事情的發展並不是像美國人那樣想像的。不少埃及人認為美國一直在操縱中東地區的事情，作者問，可有證據呢？

泰達工業區在埃及的失敗，一部分是中國人根本沒有想到的——在埃及招收勞動力的困難。中國人認為埃及男人太懶，而女人一旦結婚或者訂婚就呆在家裡，不願意上班。結婚以後的埃及女人很少繼續工作，這是社會的巨大浪費，埃及還是一個非常貧困的國家，但是一半的勞動力結婚以後再也不願意出來工作。

人類歷史也許就是一個一個的大輪迴，加上小輪迴。埃及有著悠久的文明，顯然人是很聰明的。埃及的金字塔和很多的古建築也證明這一點。可是這麼多年來，在熱浪滾滾的沙漠裡面和沙漠的旁邊，埃及人好像並沒有太大的興趣，改善自己的家園。

也許這話也不對。阿拉伯革命就充分反映了埃及人對自己的現狀，對自己的日子很不滿意。2011年之後，每年都有很多示威，老百姓有很多的憤怒，很多的不滿。可是。如果埃及的老百姓自己不願意深刻地改革，政客所能做的事情也是有限的。

政客，或者英雄人物在歷史的關鍵的時候可以起到一些作用，但是從根本上來講埃及的人民必須從文化上希望改革，願意投入改革，願意做出努力和犧牲，現在作者看不到這一點。

作為一個社會，埃及人容忍，也不容忍，比如埃及所有的考古發掘，只要外國人跟埃及政府登記，外國人都可以到這裡來挖掘，不受限制，這在任何其他國家恐怕都難以做到。但是埃及同時又是一個封閉的社會，他們對女性的限制，女孩很早就要做生殖器割禮。他們不讓女性參加工作，他們打擊同性戀，這些都是限制。雖然埃及也是一個移民國家，開放式的國家，允許自己的勞工到國外去工作，又容許外國遊客進入。

埃及的人口增長太快。人們談人口紅利，我更願意談人口災難。大開羅地區，有將近一億人民擁擠著，人口結構非常的年輕化，反映的是出生率極高，但同時這也是一個固步自封、尊重老人、尊重權威的國家。

埃及缺乏制度，缺乏系統，不僅在政府裡面，在社會上也是一樣。這個國家沒有系統，沒有機構。很多事情都是憑著經驗和歷史。

作者說，100多萬中國人已經生活在非洲，主要是經商和開採礦產資源，雖然埃及沒有礦產資源，但是埃及緊靠著並控制著蘇彝士運河，中國與歐洲的貿易大多需要經過這條運河，可能因為這個原因，中國對埃及非常重視，在阿拉伯革命之後，中國駐埃及大使館立刻增加了1/3的人手。中國泰達集團在沙漠中建的工業園，雖然是失敗的，但是中國還繼續投資。

中東許多國家面臨的是共同的問題，但通過宗教這條線來改革中東，被證明是不可行的。比如埃及和敘利亞，曾經在1958年就成為一個國家，名字叫阿拉伯聯合共和國。可是三年以後分崩離析，敘利亞還是敘利亞、埃及還是埃及、警員的暴力和人生的不可預測、政府的不可預測性，給老百姓的日子帶來很多的困難。日常生活中的賄賂有如印度一樣，司空見慣。老百姓抱怨不堪。

埃及總統有一個宏偉的想法，要在沙漠中建設30個城市，可是錢從哪裡來呢？最根本的是，埃及的老百姓是否接受，是否擁護呢？勞動力從哪裡來呢？男人不肯幹活，女人不肯出家門，這個狀態怎麼改變呢？

開倒車的土耳其

The New Sultan: Erdogan and the Crisis of Modern Turkey
作者：Soner Cagaptay
出版：Bloomsbury Publishing PLC
（圖片來源：Amazon）

這本書可以被認為是土耳其自1923年獨立以來的一部簡史。它的核心是強調土耳其從國父凱末爾（Mustafa Kemal Ataturk）的政教分離，由全盤西化慢慢演變到今天的以伊斯蘭教為主，並淡化歐美色彩。作者認為現任總統埃爾多安（Recep Tayyip Erdogan）是一個權力欲很強的半獨裁者。雖然他在當政的前面六、七年，大大改善了土國的經濟，提高了人民的生活水平，但是近些年在各方面都相當失敗，特別是2016年軍事政變失敗後，他變得懷疑一切、鎮壓異己、復辟，開歷史倒車。書中講述埃爾多安是怎樣煉成的全過程。

土耳其的國土面積相等於7.5個浙江省，人口只有8,360多萬，可謂地大物博。它的人均收入略低於中國，是中東地區十分重要的一個國家，它的議會民主制度有了近百年歷史。1952年，土耳其就加入了北大西洋公約組織，至1959年，它開始跟歐盟談判加盟，可是到現在，這個談判還沒有結束。有個著名的笑話，「歐盟假裝在談判，土耳其假裝在改革」。雙邊關於加盟的事顯然有很多未解決事項，但是，兩邊宗教的不同是其中一個重要的因素。

埃爾多安出身于東部平民家庭，上的是一個宗教中學，可是他從小的興趣就在政治。而要從政的話，他就必須離開宗教學校去上世俗化的學校，於是在最後一年，他轉去了世俗學校，然後才得以上了大學，他一直處於鄙視鏈的中下端，這讓埃爾多安一直耿耿於懷。

70年代，埃爾多安還很年輕的時候就發現了政治騙子們的訣竅。2012年，他說，他發現政治上的成功取決於口號、姿態以及語不驚人死不休，而不是真正的主意和政策。

他說，真正捲起袖子來為勞苦大眾謀利益的人們都是在寺廟裡長大的苦孩子，他們對於歐洲的政治思想和浮誇的新詞根本沒有興趣"For him, the people who actually rolled up their sleeves to help the common man had little concern with the fads of European political thought."

埃爾多安說他心中的英雄人物不是油腔滑調的西化人士，而是紮紮實實做事情的宗教人士，他的理念以及政策是全盤推翻當年國父凱末爾的政策。書中寫道："The protagonists in this tidy narrative of Turkey's recent history are the country's Muslim communities. These ordinary folk wanted nothing more than to lead a virtuous life, despite being constantly victimized by the Kemalist regime⋯"

此書對於美國的宗教自由和歐洲的宗教自由做了一個十分有趣的比較。美國的宗教自由是「Freedom of Religion」，而歐洲的則是「Freedom from Religion」、免於宗教的自由，兩者區別太大了：美國是各種教徒為了逃避本國的宗教迫害而跑到新大陸去的，所以美國的憲法對宗教是有所保護的，各種宗教都有權滲透到教育和政治；而歐洲國家基本上都是一教獨大，所以他們的政治體制需要限制宗教滲入到教育和政治，即政教必須分離，所以法國的學校和政府建築物內不准有宗教色彩，比如不准穆斯林婦女在學校或者政府大樓裡帶頭巾，土耳其也是採用歐洲大陸的這種政體，它叫「Freedom from Religion」。

根據20年代土耳其國父實行的政策和法律，雖然土耳其是穆斯林為主的國家，但是不准女性在學校以及政府建築物內帶頭巾，後來歷屆政府以及法院都維持了這樣的限制，只是到最近幾年埃爾多安政府才把這項法律推翻。

埃爾多安今天有這樣的政治地位，多虧他2003年上台之前的政府實行嚴格的貨幣緊縮政策，才得以讓50%以上的通貨膨脹率逐年降下來，他成了摘桃子的收割者，才得以把貨幣後面的六個零劃掉，人們買杯咖啡才不需要付幾百萬里拉（TRY）。

這幾年的土耳其，似乎每況愈下，不僅是因為敘利亞戰爭，也是因為與歐美關係越來越僵，加上全球經濟不景氣，所以土耳其貨幣貶值、企業壞賬累累、出口不振、民怨沸騰。這一切都與政治上開倒車有關。

這兩年，土耳其總統換掉了三任央行行長及若干高官，就是因為這些行長和高官都想加息，打擊14-16%高企的通脹，可是總統堅決不准加息，他認為，加息會惡化通脹，而不是打擊通脹，因為利息是總成本的一部分，如果成本上升，一定會有所轉嫁，但西方評論員都説總統胡來。

我一直觀察土耳其的事情，我認為也許土耳其總統是對的。你看亞洲金融危機的時候，外匯逃離，印尼、泰國、韓國受到國際貨幣基金組織的壓力提高了利息、緊縮了財政，做出了很多不該做的犧牲，導致經濟緊縮、大量的公司倒閉。回頭看，他們應減息、實行寬鬆的財政、貨幣政策。觀察家們現已有共識，大家認為這些亞洲國家當時所收到的外部建議都是錯的。

你再看中國。80至90年代，甚至後來，中國的通脹都非常嚴重，也是雙位數，但是政府長期堅持了較低的名義利率和負的真實利率。按照經濟學的理論，這就是金融壓抑，是災難性的，但是幸好中國不信邪。

自從美國的次按危機、歐債危機，特別是新冠疫情以來，西方經濟學已經徹底破產了。大家要敢於懷疑經濟學邏輯。有一句名言：不管你怎麼想的，倒過來想就對了。也許土耳其總統做的是對的。

中國政府十多年以來一直對房地產市場實施宏觀調控。房價上漲時，傳統經濟學認為政府應該鼓勵多蓋房子，多給地產開發商發放信貸，多給他們土地，但是，中國政府是反其道而行之：限制土地、信貸，卡住他們的IPO，限制他們發展。中國的經濟學就是不一樣的。

歡迎移民、擁抱科技的以色列

Start-up Nation: The Story of Israel's Economic Miracle
作者：Dan Senor,Saul Singer
出版：Twelve
（圖片來源：Amazon）

這本書講以色列經濟騰飛的秘訣：政府和民間都對科技、工程如癡如醉。以色列作為一個國家只是二戰之後移民的產物，但在短短的六十多年，它不僅在軍事上打敗了周邊的阿拉伯國家，而且躍升為科技領先的發達國家。

從40年代到90年代，當大量移民和難民湧入的時候，以色列十分貧窮、落後。跟當時的印度和改革開放的前三十年的中國有很多類似的地方：

(1) 基礎設施極差；

(2) 窮；

(3) 持續雙位數的高通脹；

(4) 國有企業佔主導地位、政府管制多多。

但是，跟中、印不同的是，以色列一直保持了一個十分開放的經濟制度，對貪腐的控制也很成功，在意識形態上浪費的時間很少，而在中印兩國的政府、企業和學校裡，文科的東西、廢話、意識形態的內容比以色列多幾倍。以色列周邊全是充滿敵意的阿拉伯國家，它沒有時間來虛的東西，必須非常務實，而中印則躺在歷史悠久的文明上嘮嘮叨叨。

作者比較了以色列與中東諸國的關聯。以色列對移民的誠意你難以想像：派軍用飛機去埃塞俄比亞把難民接過來；而中、印卻設置一些可笑的門檻：副教授以上、這個職稱、那個專才。中印的邏輯是往後看（即是看歷史），而以色列的邏輯則是往前看。一個年輕的難民如果拼命努力，可以成為一個科學家、創業者，而一個已經功成名就的教授只能是「夕陽無限好，只是近黃昏」。美國貝爾斯登投資銀行的創始人曾經這樣說，我不招PhD，我只招PSD即"poor, smart and have a drive to succeed."十分經典。

作者嘲笑以色列周邊國家在引進專才方面的愚蠢：門檻弄得越來越高，把公民身份太當回事，不給外國人公民身份，而是只給幾年的居住權，因此這些外國人沒有任何歸屬感，一旦有機會，就飛走了。這不正是中國一直在犯的錯誤嗎？

美國可不含糊：每年發一百萬張綠卡，讓窮人、富人、無賴、有成就的和無成就（但有野心的）人們來吧！

以色列的掘起得益於它的全方位開放：媒體、意識形態、文化藝術，書籍、科研。而中、印、中東國家都在搬起石頭砸自己的腳：三心二意的開放。

世上最窮的58個國家，如何逆轉？

The Bottom Billion: Why the Poorest Countries are Failing and What Can Be Done About It
作者：Paul Collier
出版：Oxford University Press
(圖片來源：Amazon)

這是2008年的一本經典著作，作者是牛津大學經濟學教授，曾經在世界銀行擔任研究主管。他長期的研究興趣是非洲，這本書研究的具體對象是非洲最窮的國家、少量加勒比海國家以及中亞一共58個國家。

這些國家有幾個特點，

第一，基本都小(人口少)。

第二，戰亂似乎是一個共同的特點。

第三，多數是內陸國。

第四，多數都有豐富的自然資源和礦產。

第五，多數是獨裁統治。

雖然經濟學上有「荷蘭病」(Dutch Disease)這個詞，但是中東石油國不都是很富有嗎？澳洲和加拿大不都是很富有嗎？關於這58個國家為甚麼這麼窮，原因確實很複雜，也許有兩個因素作者並沒有提到。

第一，這些國家起點都很低，也許有些從遊牧狀態脫離出來不久。

第二個因素就是規模不經濟(Diseconomies of Scale)。這與企業的規模不經濟，實際上是另一回事。當然，治理不善是一個更重要的原因，不管有沒有自然資源。

現在它們面臨的問題跟作者寫這本書的時的2007年還是一樣的。這58個窮國已經被另外的發展中國家甩在了後面，確實已經被邊緣化了。

另外，由於這些國家基本都是農礦生產國，那麼美國和歐洲的農業政策對他們是很大的打擊。美國和歐洲為了選票，對農產品有大量的政府補貼，這就使得世界上最窮的國家根本無法競爭，與此同時，亞洲的發展中國家在紡織業和輕工業方面已經有了嚴重的產能過剩，這也讓世界上最窮的58個國家根本沒可能競爭，他們是不是已經永遠地錯過了飛黃騰達的機會呢？作者並沒有給出一個有說服力的答案。

顯然，戰亂和獨裁政權是這些國家貧困的根源。有趣的是，作者主張歐美國家實行軍事干預，推翻某些獨裁政權，或者制止戰亂。不過作者寫這本書的時候是2007年，當時他已經看到了美國侵略伊拉克之後所產生的巨大災難，但還沒來得及看見美國在阿富汗的失敗。作者也承認，歐美國家採取軍事行動，現在的政治意願不強，在阿富汗一役之後，當然這種可能性就更小了。

作者認為有針對性的援助(從歐美國家來的外援)還是有用的；至少可以解決這58個國家最缺的東西，那就是資金。不過他的一位來自非洲的女博士生Dambisa Moyo對外援完全持否定態度，她寫了一本書叫*Dead Aid: Why Aid Is Not Working and How There Is a Better Way for Africa*。

徒弟完全否定外援有兩個原因，第一是哲學上，她認為，非洲國家或者任何人都必須靠自己的雙手建立家園。她還認為，外援助長了獨裁政府，因為這些高官們不需要對選民負責，而只是對歐美的捐款國負責。另外大量的外援也被貪污和浪費了，很多外援用在軍事方面。真正利用在基礎建設和生產方面的外援又出現了嚴重的低效率問題。她認為，必須用減少外援的辦法倒逼民主改革和政治上的互相牽制。她認為外援就像突然發現了一個大油田一樣，實際上是一個詛咒，它鼓勵了暴動、起義和政變，反而不鼓勵創新和紮紮實實的做企業。

有趣的是，她提倡發展中國家必須搞普惠金融，也就是用諾貝爾經濟學獎得主尤努斯（Muhammad Yunus）的那套辦法。顯然，作者有所不知，普惠金融在全世界已經失敗了。一個在發展中國家從事普惠金融二十多年的英國人Hugh Sinclair 寫了一本書*Confessions of a Microfinance Heretic: How Microlending Lost Its Way and Betrayed the Poor*。在書中，作者說，絕大多數人的命運是打工，而不是螞蟻般的重複性創業，大工業化是社會脫貧之路，這個結論我很認同。

Sinclair 舉例，某貧困山區的村婦借了小額貸款，在鎮上賣鳳梨切片，很賺錢。但當26個村婦都從不同的小貸機構獲得微型貸款，到鎮上一字型排開賣鳳梨切片時，不僅這些小額貸款都變成了壞帳，而且這些村婦們的家庭也被毀了：她們持續迴圈地借錢，付高息，被厭得喘不過氣來，最終只能起義，或者自殺。

巴西的窮人不斷湧入大城市打工，在郊區搭建很多貧民窟（Favela）。他們本來的計劃是迅速賺錢，然後買正式的房子，並把妻小接過來。遺憾的是，這些貧民窟成了他們永久的家，每年、每月、每天，新人們帶著同樣的希望搬進這樣的貧民窟，或者在附近搭建這樣的貧民窟。

Sinclair說，小額企業信貸、消費信貸就是這樣的貧民窟，一旦進去，別想出來。次貸也是這樣的貧民窟，對於這58個最窮的國家，也許公有制和國家資本主義確實是一條脫貧的路，但是由於意識形態的原因，這兩位作者根本不願意提這件事，或者說他們根本就沒有想到這回事。

非洲飽歷的「白禍」

White Malice: The CIA and the Neocolonisation of Africa
作者：Susan Williams
出版：C Hurst & Co Publishers Ltd
（圖片來源：Amazon）

這本書的作者是倫敦大學的一位講師，她寫了這本600頁的書，講美國政府從50年代開始如何在非洲各國顛覆政府、暗殺官員、實施政變。

1957年非洲的加納從英國獨立；1960年，剛果從比利時獨立。這兩國的獨立運動領袖正在準備成立「非洲聯合國」。可是，美國通過中央情報局橫插一手，他們的目的有兩個，一是阻止這兩個國家成為蘇聯的盟友；第二，他們準備染指這兩個非洲國家的礦產，特別是剛果的銅、鈷、工業鑽石和高級別的核武器使用的鈾。

歐洲國家當然都是美國的附庸，英國人和比利時人通過當年他們的統治以及建立的機構隨時向美國老大哥提供了各種情報以及支援。其實，早在1947年以來，中央情報局就一直通過文化、藝術、教育等手段，在非洲以及其他地區進行反蘇聯、親美國的宣傳。與英國人不同的是，中央情報局有上方的授權，直接進行顛覆、暗殺、賄賂。一切手段都可以用。比如，他們準備毒殺或者射殺剛果當時首任民選總理盧蒙巴（Patrice Lumumba）。

另一邊廂，當時的加納總統恩克魯瑪（Kwame Nkrumah）任期到60年代中期。那個時候的加納是一個專制的國家，政府也把經濟收歸國有了。於是美國中央情報局就安排了一次軍事政變，推翻了總統，並把恩克魯瑪折磨至死。

書中還提供了證據，表明南非的曼德拉（Nelson Mandela）被南非白人政府送入監獄，就是由於白人政府獲得了美國中央情報局的資訊。書中說，整個書中所有出現的美國白人沒有一個是誠實的，時任美國副總統尼克遜去加納參加獨立慶祝的時候，尼克遜在人群中見到一個黑人，就拍著他的肩膀說，「終於獨立了。作為自由人，你的感覺怎麼樣？」這個黑人回答，「我不知道嘞。我是從阿拉巴馬來的」。

美國人有特別嚴重的種族歧視，比如當年的副總統尼克遜就曾經說，非洲人「從樹上下來還不到50年的時間。我們不能公開這麼說，但是我們必須在非洲建立獨裁政權。站在我們這邊的，為我們說話」。

英國駐非洲的外交官也基本都是間諜。英國人既殘酷又狡猾。他們說，「我們不會殺非洲人。我們設立一個架構，讓他們相互殘殺」。

此書有100多頁的筆記、資料來源、採訪的人們以及各國政府已經解密了的檔案，詳細講解中央情報局間諜在非洲各國的日常行動、以及充分利用聯合國維持和平部隊，和非洲國家在紐約聯合國紐約總部行動的跟蹤。當然，這一切的總指揮就是美國正副總統——艾森豪威爾（Dwight Eisenhower）以及尼克遜（Richard Nixon）。

07

人生篇

性格內向，也有一碗飯吃。

Quiet: The Power of Introverts in a World That Can't Stop Talking
作者：Susan Cain
出版：Crown
（圖片來源：Amazon）

2005年秋天，金威啤酒在汕頭的工廠開業，它的母公司粵海集團的董事長武捷思讓我陪他一起去看看。我以前從來沒有去過汕頭，而且我喜歡喝啤酒，所以就去了。去了以後，我才發現這是一個巨型活動。參觀工廠之後，還有幾百人參加的一個大會：領導講話，來賓送花，宣讀賀辭之類的。我是一個既害怕，又不喜歡這種場合的人，所以我就準備溜之大吉。

且慢！高音喇叭裡突然傳來，「主席台上就座的有某某副省長、某某書記、市長……」等等。喇叭裡接著喊，「主席台上就座的，還有瑞士銀行董事總經理張化橋」。我想這下可糟糕了，我已經溜到200多米以外的地方去了，我本想一個人到市里逛逛。這個時候，即使我有姚明的速度，沖到主席台，也是來不及的。喇叭裡又重複了三遍我的名字，我已經癱在地上了。

後來財務總監到處找我。我胡編了一通故事，可我還得加入他們吃午飯，喝啤酒，並坐他們的車回深圳，可是我覺得非常的狼狽，自卑感一直襲擊著我。

類似的事情在我身上出現過好幾次。每次遇到這種事情，我就問自己，為甚麼我不能落落大方呢？為甚麼我不能往前站呢？其實，我小時候就知道自己有內向、害怕、不合群的缺點。七十年代，我上中學的時候、我媽媽幾次告訴我，村子裡你的某某同學家今天請客，請大隊的隊長和支部書記。我們是不是也應該請客呢？可是我既害怕，又真心不願意，所以從來也就沒有請過。絕非不敬！

在瑞士銀行做分析師的那些年，我當然知道分析師就是財經演員，就是要講故事，就是要出風頭，要高調，不斷地見基金經理、拉票等等。坦白講，我是很不願意的。報告寫好了，讓他們自己看，不就行了嗎？可是，這是一個需要自我銷售的行業，所以我經常委屈自己去做。我的競爭者們一年要去美國、歐洲路演三、四趟。可我就去一、兩趟，而且還扭扭捏捏。

我讀的這本英文書，講了許多這樣的故事。如果我20年、30年以前就讀了這樣的書，那該省掉我多少難過啊！

此書安慰我們：性格內向，不善言辭的人不用自卑，這個世界也有一碗飯給我們吃。美國人總的來講，比亞洲人更會、更願意誇誇其談，但是即使在美國，也有大量的內向、靦腆、害怕的人，比例高達1/3到一半！

這本書有點學術研究的性質。她採訪了很多心理學家和醫學家，對過去幾十年，這個行業的研究成果做了大量的介紹，但同時作者本人也是一個內向、害怕的人。她做了7年華爾街的律師，發現自己雖然可以做下去，但是並不喜歡，於是她就改做全職作者。

內向的人被趕鴨子上架的非常多。人的性格是可以裝的，可以逼的。但是這樣有一個限度。時間長了，就會有巨大的壓力，也不開心。作者發現，甚至電視台的播音員裡面也有大量的內向、靦腆的人。他還講了一個有名的大學教授，在萬眾面前演講，口若懸河，可是每次演講一結束，他就要躲到廁所裡去，因為他不願意跟人家聊天，他害怕。他不知道說甚麼，每次被邀請跟眾人一起吃飯，他都找藉口逃避。

她說，互聯網大大地保護了內向、不願社交的人們，因為互聯網畢竟是一個屏障，讓這些人得以發揮，這點我也同意。

我在當分析師的那些年，客戶和同事都說我是一個好銷售員。我在工作的時候熱情洋溢，用不完的精力。可是，這種性格的人，由於

在辦公室已經把所有的（外向）精力的配額都用完了，所以回到家裡的時候既疲倦，也不耐煩，傷害的就是家裡的人，很遺憾，我到現在才知道。書中講，企業界、學術界很多人都有這個困擾，如果他們不會調整的話，就會鬧出家庭矛盾，只要與家人充分溝通，這些問題都不難解決。

此書還講了老師和企業管理者應該怎樣對待學生和同事，家長應該怎樣照顧小孩，不給壓力。這本書好像只有台灣中譯本《安靜，就是力量：內向者如何發揮積極的力量》（遠流出版）。能看懂英文的朋友一定看看原版：非常易讀，故事性強。

做真實的事，不炒波幅。

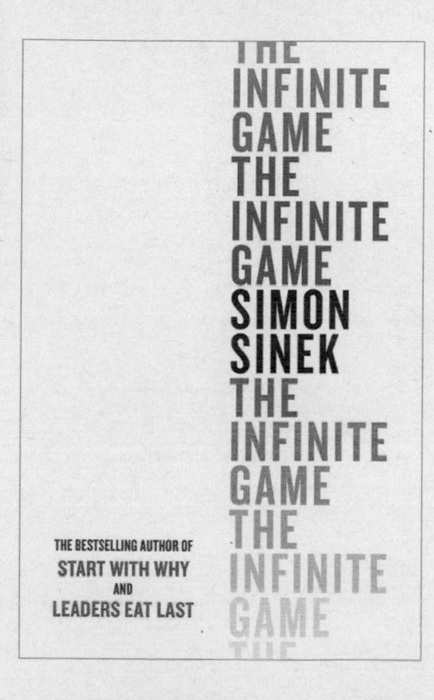

The Infinite Game
作者：Simon Sinek
出版：Portfolio
（圖片來源：Amazon）

人們經常說，在人生的不同階段，我們所追求的東西是不一樣的。我也深受這個觀點的影響，但這本書說，人生不能炒波段，就像買股票不能用炒波段，職業生涯不能炒波段一樣，企業的管理也不能炒波段。

如果你投資了一個好公司，炒了波段之後又怎樣呢？踩空了怎麼辦？賣掉了之後是否能找到一個更好的企業呢？管理一家公司，也是一樣的：股價升上去了又怎樣？市場份額最大又怎樣？你的產品最厲害又怎樣？所以必須以持續的、平衡的心態來做事。

作者強調，如果你創業，或者管理一個已經有些歷史的公司，你必須有一個真實的、正義的目標。不是偽造的目標，而是真實的目標。你必須畫一個大餅。並且越大越好。但要解釋得非常清楚：必須讓遠在千里之外的人跟隨而來；多少有點像宗教的召喚。憑甚麼人家要加入你的公司？憑甚麼要為你賣命、長期為你賣命、不惜一切地為你賣命？你的事業必須是正義的。你的方法必須是讓人興奮的。你必須有自我犧牲精神。這本書的作者正好也寫過另外一本書，書名叫*Leaders Eat Last: Why Some Teams Pull Together and Others Don't*，讓兄弟們先吃，領導留最後，這本書也貫穿了這樣的思想。

我感覺到，幾乎所有企業的願景都太虛、太空、太假，不能夠起召喚的作用。有些寫的很具體，但是跟僱員工又有甚麼關係呢？

書中講了CVS，美國一間連鎖藥店，它主動宣佈不再賣煙，因為煙是不健康的。因此，它失去了很多生意，少賺了很多錢。但是它站在了道德高地，獲得的好處更大。由此我想到我們的那些假煙、假酒的公司，想到了機關裡面以管、卡、壓、貪(管制、卡關、打壓及貪腐)為生的人們，退休後如何回首。

這本書雖然不長，但是後半部分有點拖泥帶水。如果能砍掉1/4，那就太好了，不過它的後記不錯。

洋人的心靈雞湯：斯多葛

The Daily Stoic: 366 Meditations on Wisdom, Perseverance, and the Art of Living

作　者：Ryan Holiday, Stephen Hanselman

出版：Portfolio

（圖片來源：Amazon）

Philosophy for Life and Other Dangerous Situations: Ancient Philosophy for Modern Problems

作者：Jules Evans

出版：New World Library

（圖片來源：Amazon）

西方哲學學派林立，但是有些重迭，並與東方的學派有交集。西元前三世紀早期，希臘人Zeno創造了一派，叫Stoicism，斯多葛主義。這是目前西方國家最時髦的流派。從矽谷的創業人士，到明星運動員，政治領袖，和學界翹楚，很多都標榜自己信奉斯多葛。

我花了一些時間研究它，覺得很有點意思，雖然你可能說它只不過是洋人的心靈雞湯而已。

依我的愚見，它的核心是管理自己的心態，而不是管理周圍的人，事，物。它至少涉及三個相關聯的內容：

一是自我控制。斯多葛學派的哲學家之一，塞內卡(Seneca)反復強調：你的悲，喜，貪，和社交都是毫無意義的，愚蠢的。我們周圍的人，事，物，我們的名聲，財富，地位等等，我們都無法控制，但是我們對這些東西的看法是我們所能控制的，這也是我們能控制的唯一的東西。如果你長期實踐，打坐，冥想，你應該能夠消滅所有的感情(特別是喜怒哀樂，焦慮，畏懼，失眠和貪婪)，只留下平靜。比如，用平常心對待監禁。難道監禁甚至致殘就一定是壞事嗎？斯多葛人士們強調禍福相依，皇帝與囚徒的地位可以互換。

有個英國女兵深受斯多葛主義的影響，幾年前她在阿富汗被俘。她說她在被強暴時的感受不是憤怒和羞辱，而是平靜，因為被強暴是她無法控制的事情；有個自稱斯多葛信徒的美國軍官在出獄後對記者說，在監獄中，樂觀的人最先崩潰，因為他們對於何時出獄，老是抱著過高的期望：「三個月內，美國政府的斡旋一定把我解救出來。三個月過去了。九個月過去了。三年也過去了。樂觀派終於瘋掉了。這個斯多葛主義的軍官說，不帶任何期望不等於悲觀。悲觀也是一種期望。

斯多葛學派的延伸是「認知行為治療」(Cognitive Behavioural Therapy)，簡稱 CBT，強調心理暗示。美英對駐阿富汗的軍人進行過CBT訓練，教育軍人在妻小來電話或者電郵抱怨家裡的柴米油鹽時，如何專心訓練，排除雜念，忘掉自己無能為力的事情。

二是認命。你的內心世界也就成了你的城堡(Citedal)。斯多葛學派強調「無欲則剛」——「沒有希望，因此也不會失望」。你的家庭背景和其他一切都是你無法控制的，主動認命是妙計。

三是把斯多葛哲學運用到日常生活中去。你不會把錢財隨意給別人，可是為甚麼讓別人隨意侵佔你的時間？你能說「不」嗎？說「不」

是一個有自制力的表現，也是一個已經上了岸的人的表現。

你真的需要讀那麼多書，看那麼多新聞，知道那麼多內幕嗎？完全不用。斯多葛學派的哲學家之一艾皮科蒂塔（Epictetus）說，不懂沒關係。本書的作者解說為：「我不知道，我也不在乎！」

不要羨慕那些名人或者富貴，他們放棄了生命才到達那裡，而且可能經歷了難以想像羞辱和險峻（Through a Thousand Indignities）。不管是貧是富，是貴是賤，我們的生命都是十分渺小和短暫的。大家死後都歸土。

這兩本書內容浩瀚，值得反復閱讀。憑我的理解，斯多葛學派是一個不斷演變的哲學。它宣導簡樸的生活，為人處事以簡單為上，在悲，痛，和失敗面前處之淡然。Evans在書中講了一個故事。60年代，心理學家米歇爾（Walter Mischel）做了一系列實驗：把一組小孩放在一個房間，面前擺著棉花糖。老師說，你們每人都有一個選擇：可以立刻吃一顆糖，或者等15分鐘以後吃兩顆糖。那些忍得住的小孩長大後在事業上的成功更加明顯，還有人沿著這條思路對成人的肥瘦與事業的成敗進行了因果分析。現在，西方時髦的一個訓練課程是讓小孩和成人「戒急用忍」，避免「我要，我要，我馬上要！」

旅行和閱讀的思考

書名：《行走的人生》
作者：俞敏洪
出版：生活·讀書·新知三聯書店
（圖片來源：豆瓣讀書）

這本書有三大板塊：遊記，書評和雜談。我個人覺得，他的前面兩個板塊寫得絕佳，第三個板塊平淡無奇。

作者廣游世界。我特別喜歡他的「喀什之行」，新疆的喀納斯之行，法國的聖蜜雪兒山之旅，「死海漂浮」、「品味摩洛哥之旅」，和肯亞的卡倫莊園遊記。作者在旅遊之前和之中都愛做研究，挖掘文化和歷史，我挺佩服他。我去過的地方不多，而且都是吃吃喝喝，走馬看花，層次太低。我聽他的建議，買了畢淑敏的遊記集錦《非洲三萬裡》，讀遊記彌補了我的不少遺憾。另外，我也喜歡讀《紐約時報》上面的遊記。

我為甚麼在旅遊之前不做研究，除了懶以外，請允許我找個藉口：我從小就對歷史書很鄙視，因為各國當局和人民都喜愛篡改歷史，只是惡劣的程度不同而已。我認為歷史書猶如小說，屬於蹩腳的小說。

作者俞敏洪先生喜歡讀中文和英文的各種書，他評《蝴蝶夢》，《浮生夢》和《威尼斯商人》，幫助了我溫習功課，帶給了我美好的回憶。他對兩本悲壯的愛情小說，《羅丹島之戀》和《分手信》的評論，我很喜歡，而且這兩本書讓我想起了自己年輕時從事文藝工作的衝動，可惜我沒有考上文學系。1977至1979年進大學的人都記得，中文系最難進。俞先生的書評角度有趣，《羅馬人的故事》我本來準備從頭到尾讀完，但是總是被我的意志力薄弱和其他的書所中斷。

我們的99個認知錯誤

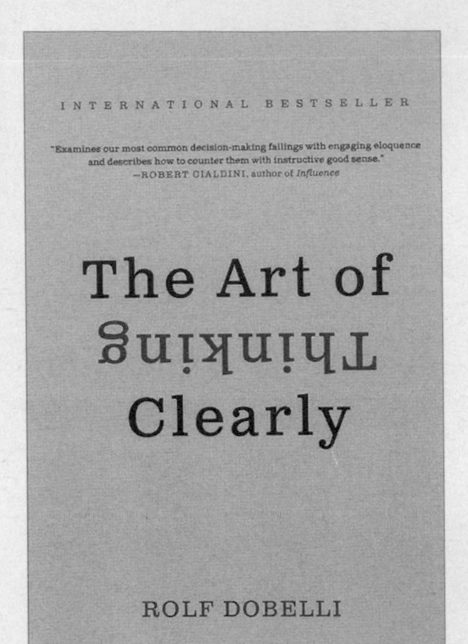

The Art of Thinking Clearly
作者：Rolf Dobelli.
出版：Harper Paperbacks
（圖片來源：Amazon）

這本書由德文譯成英文，一共99章。每章一個話題，幾個小故事，三頁紙。經常讓人大笑。文字簡練，也是一本學英文的好教材。

幾個要點：

1. 到處是成功人士，這只是因為失敗的人們不吭聲而已。哎！別以為你天天游泳或者去健身房，就可以有小王那樣的身材。別以為你創業，就一定成功。失敗是常態，成功是偶然。
2. 名校幫不了你。那些課程完全沒甚麼。還是靠自己。真正的能人不需要上名校。
3. 資訊太多，反而讓人做出錯誤的判斷。
4. 電影非常糟糕。但是因為你花了錢買票，並且坐下來了，所以你一直熬到看完，浪費更多時間。你買的股票大跌之後，你一直死捏著不放。未來三年又跌了更多。

5. 大家都說某個產品時髦，於是你也就買了它，還煞有介事地讚美它。

6. 有人請你和夫人到他家吃飯，你們又回請。他又請你們。索無趣味。建立了友誼嗎？

7. 喇叭播著說，「由於維修的原因，（或者，「由於調動的原因」），航班延誤，請予諒解」。航空公司胡亂找個原因，或者找個根本就不是原因的原因，大家就接受了。

8. 某公司很成功。大家都讚美CEO管理有方。他自己也認為自己很厲害。他換個地方，終於把名聲喪盡。再試，更糕。運氣跟能力不是一回事。

9. 地產經紀說，湖邊的連排別墅只剩下一套了。於是，你奮不顧身……

踩著舞步去上班

Tap Dancing to Work: Warren Buffett on Practically Everything
作者：Carol J. Loomis
出版：Portfolio
（圖片來源：Amazon）

書中幾個要點：

1. 巴菲特説，他每天踩著舞步去上班，因為他開心。他只跟他喜歡，尊敬，和仰慕的人們打交道。（I tap dance to work. I do business with people I like, respect and admire. (He leads an unhurried, unhassled, largely unscheduled life.)

2. 有人説，「我很討厭我現在的工作。我準備只幹十年。然後，我就……」對此，巴菲特説，「這種話就像等到老了再做愛一樣奇怪」（That is a little like saving up sex for your old age.）

3. 巴菲特引用某人的話説，投資者的不幸都是由於他們不能安安靜靜的等待……（All men's misfortunes spring from the single cause that they are unable to stay quietly in one room.）

4. 巴菲特認為，企業向投行徵求配股和併購的意見，投資者向經紀人徵求股票買賣的建議，就象問理髮師，「我應該理髮了嗎？」(Do not ask the barber whether you need a haircut.)

5. 巴菲特認為，上市公司用自己本來就低估的股票作為貨幣(對價)收購別的企業，簡直不可理喻。

6. 巴菲特認為，不要見上市公司管理層，見他們有害。你會被他們的忽悠所影響。我怎麼發現中國石油這檔股票的投資機會的？潛心研讀(We read - that's about it.)

7. 巴菲特説，如果企業處境困難，不要指望能幹的管理層扭轉乾坤，只投資傻瓜也能管理的企業，因為遲早傻瓜會來當政的(We have not learned how to solve difficult problems. What we have learned is to avoid them. I want to be in businesses so good that even a dummy can make money.... someday a fool will (come to run the business.)。

8. 巴菲特認為，資金最緊張的時候就是投資的最好時候(The best time to buy assets may be when it is hardest to raise money.)。

9. 巴菲特認為，買便宜貨你好像占了便宜，但是它的問題一個接著一個。如果你需要持有很長時間才能變現，你的持有成本就會要你的命。時間是好公司的朋友，爛公司的敵人(Any initial advantage you secure will be quickly eroded by the low returns that the business earns... Time is the friend of the wonderful business, the enemy of the mediocre.)。

10. 巴菲特發現了「機構通病」:(一)企業轉向很困難。(二)企業只要賬上還有錢，就有人想方設法把它花掉。(三)很多投資項目本來很愚蠢，但是企業內部策劃部總能找到採納的理由。(四)大家都愛學同行。

11. 巴菲特認為，投資的要訣是，買的東西好，價格合適。何時賣不重要，因為你本來就留足了空間(Never count on making a good sale. Have the purchase price be so attractive that even a mediocre sale gives good results.)。

12. 怎樣發現好企業？巴菲特說，你碰到時就會知道。不要算到小數點後面兩位（The truth is, you know them when you see them.）。

13. 投資者一定要控制風險，不能把種子燒掉了。巴菲特在他的公司的牆上有個帖子"You only need to get rich once."（你只需要發一次財）。

14. 巴菲特說，投資者不應該關注某個行業未來會怎樣改變社會，怎樣高速增長。重要的是，投資對象（企業）究竟有無持續的競爭優勢。

15. 上個世紀，道瓊斯指數從66點漲到11,497點。100年漲了174倍。但是，平均每年的複合增長率是多少。你猜猜吧。只有5.3%！現在投資者所期望的年回報率總是太高，結果當然只有失望。

幸福不易，開心不難。

The Happiness Project
作者：Gretchen Rubin
出版：HarperCollins Publishers
（圖片來源：Amazon）

如果你在香港或者歐美逛書店，你會為關於如何開心或者幸福的書太多而吃驚。起初，我沒在意。後來，經多個同事推薦，我買了兩本這樣的英文書，另一本叫*Hardwiring Happiness*，作者是Rick Hanson，一位心理醫生。

這個心理醫生的書只有一個中心思想，他不惜筆墨反復強調，換幾個角度強調：你要挖掘（甚至創造）生活中細小而無處不在的美麗，壓制和忘記不愉快的東西。因為負面情緒很容易佔上風，所以你需要有意識地躲避它，有計劃地扶持正面情緒。每當你發現了一個美麗的東西，一定不要草率地放過它，你要好好地享受它，欣賞它，吸收它，Take it in。比如，你做了一個不錯的PowerPoint、寫了一篇有趣的博文、受到了同事的讚美，或者在街上被某個女生回頭看了一眼，或者跟保安打了個熱情的招呼，或者路邊見到了一朵盛開的玫瑰。等等。

他說，你要有點創意。

*Hardwiring Happiness*的女作者本是耶魯大學畢業的律師和兩女

之母。某天，她突然想起，應該休假一年專門讓自己的小生活更加開心。她每個月專攻一個領域，比如，如何改善夫妻關係、改善為母之道、為友之道、個人財務管理、休閒、體育、如何理解死亡、增強自製力，及知足常樂等等。

這本書中一個小東西給我印象最深。她講她讀過好幾本關於病痛和人生折磨的書，有人多年受牢獄之災，或者癌症的折磨，或者失偶之痛或者政治迫害等。這些人的世界觀和堅韌不撥對作者她很有幫助。

關於堅韌不撥，她讀了古希臘的斯多葛學派的很多解說。我因此也重讀了作家Jules Evans的舊書*Philosophy For Life and Other Dangerous Situations*。這本哲學書比較難讀，我至少查了50次字典才通讀全書，包括人名和地名等，但是我很有點收穫，它講述了西方哲學的演變，是一本入門書。我想，中國的大學也許可以把它當成一門選修課。

我讀完這三本書之後的一個結論是：幸福太言重了。但是開心是可以通過努力和修行而獲得的。如果你天生就是一個開心的人，那你太幸運了。但是，這不等於你具有堅韌不撥的素質。遇到艱難的時候，堅韌不拔的素質就很有用。

後記

這本書收集了我過去幾年所讀的書中最好的83本。怎樣持之以恆讀書？絕對不能靠毅力，因為那不可持續；必須有技巧。也就是必須選有趣的書、有用的書。而且，要給自己一個任務，那就是，每讀完一本書，就要回過頭來問自己：我學到什麼了？最讓我享受的是什麼？必須把它寫下來，與別人分享。這是額外的樂趣。這也是壓力，逼著自己在讀書的時候講究效率、講究目的。

我感謝天窗出版社給我的幫助，特別是Wendy Tsang和Jodi Wong。

Mastermind 16

智者見智

閱讀世界的79個視點

編著　張化橋
內容總監　曾玉英
責任編輯　Jodi Wong
封面及書籍設計　Stephen Chan

出版　天窗出版社有限公司 Enrich Publishing Ltd.
九龍觀塘鴻圖道78號17樓A室
發行　天窗出版社有限公司 Enrich Publishing Ltd.
電話　(852) 2793 5678
傳真　(852) 2793 5030
網址　www.enrichculture.com
電郵　info@enrichculture.com
出版日期　2022年1月初版

承印　嘉昱有限公司
九龍新蒲崗大有街26-28號天虹大廈7字樓
紙品供應　興泰行洋紙有限公司

定價　港幣 $158　新台幣 $790
國際書號　978-988-8599-74-5
圖書分類　(1)宏觀經濟　(2)文化評論